LOUIS RENÉ EDOUARD PRINCE DE ROHAN GUEMENÉE
Cardinal de la Ste Église romaine
JEANNE DE SAINT-REMY DE VALOIS
Epouse du Comte de la Motte
Mell̤e LE GUET DESIGNY DOLIVA
Mr LE COMTE DE LA MOTTE

BENEDETTA
CRAVERI

MARIE
ANTOINETTE
UND DIE
HALSBAND-
AFFÄRE

Aus dem Italienischen von

Anna Leube

BERENBERG

Für Tante Silvia

DIE VERHAFTUNG

Am Morgen des 15. August 1785, Mariä Himmelfahrt, hatte sich eine riesige Menschenmenge im Schloss von Versailles versammelt. Wie jedes Jahr feierte man das Fest der Jungfrau, der Ludwig XIII. einst 1638 sein Königreich geweiht hatte, und damit zugleich den Namenstag der Königin. Im Spiegelsaal und im Grand Appartement wimmelte es von Menschen, die Creme des Adels aber, die hohen Würdenträger des Hofes und die Minister warteten im Salon Œil-de-bœuf auf das Erscheinen von Ludwig XVI. und Marie Antoinette, um sie in die Königliche Kapelle zu begleiten, wo Kardinal de Rohan, Großalmosenier von Frankreich, die Messe feiern sollte.

Doch alle Anwesenden spürten, dass etwas Seltsames in der Luft lag. Um zehn Uhr begab sich die Königin, noch unfrisiert, was sehr ungewöhnlich war, zum König ins Ratskabinett; kurz hintereinander wurden der Hofmarschall Baron de Breteuil, der Siegelbewahrer Monsieur de Miromesnil und Kardinal de Rohan einbestellt, der bereits die liturgischen Gewänder angelegt hatte. Als Erster verließ eine halbe Stunde später Rohan den Saal, gefolgt von Breteuil.

Totenblass und starren Blicks schritt der Großalmosenier zwischen den beiden Reihen der Höflinge zum Spiegelsaal, wo Baron de Breteuil mit Stentorstimme seine Verhaftung im Namen des Königs verkündete.

Seit den Zeiten der Fronde um 1650 war der französische Adel nicht mehr Zeuge einer solchen öffentlichen Demütigung eines seiner prominentesten Mitglieder gewesen, und die Worte des Hofmarschalls lösten bei der Menge tiefe Bestürzung aus. Eine derart spektakuläre Maßnahme konnte nur außerordentlich schwerwiegende Gründe haben und ließ vermuten, dass sich Rohan entweder der Verschwörung oder des Hochverrats schuldig gemacht hatte. Als wenige Stunden später das Gerücht umging, der Kardinal sei wegen einer obskuren Geschichte um ein unbezahltes Diamanthalsband in die Bastille verbracht worden, einer Geschichte, in die auch die Königin verstrickt sei, verwandelte sich die Verblüffung in Empörung. Die versammelten Würdenträger hielten die Verhaftung Rohans für übereilt und willkürlich, ein schockierendes Beispiel für den Machtmissbrauch von Seiten der Krone.

Ludwig XVI. freilich konnte gar nicht anders, als den Kardinal der Justiz auszuliefern, denn es galt, die Ehre der Königin zu verteidigen.

Eine Woche nach der Verhaftung des Kardinals schreibt Marie Antoinette an ihren Bruder, Kaiser Joseph II., um ihn über den Vorfall zu informieren: Sie versichert zunächst, sie habe mit der Sache absolut nichts zu tun und keinerlei Vertrag unterzeichnet, dann gesteht sie, »die Klugheit und Standhaftigkeit« des Königs, der »in dem Augenblick, als der Kardinal ihn anflehte, ihn nicht festnehmen zu lassen, erwiderte, er könne dem weder als König noch als Gatte stattgeben«, habe sie beeindruckt. »Ich hoffe«, schloss der Brief, »diese Geschichte wird bald beendet sein [...] und wünsche, dass dieser Schrecken und all diese Details alsbald vor aller Augen aufgeklärt werden.«[1]

Aus dem Brief spricht helle Empörung, und er scheint Marie Antoinettes Aufrichtigkeit zu bezeugen, doch er enthüllt auch schon einige der gravierenden Irrtümer des Königspaars hinsichtlich der Person des Kardinals, Fehleinschätzungen, Mangel an gesundem

Menschenverstand und politischer Klugheit, die einen simplen Betrug in einen beispiellosen Skandal verwandeln sollten und so den Leumund der Königin und damit auch das Ansehen der Krone in den Schmutz ziehen mussten, Irrtümer, die zum berühmtesten Prozess im Frankreich des Ancien Régime führen werden – nur die Gerichtsverfahren des Revolutionstribunals acht Jahre später gegen Louis Capet und seine Witwe übersteigen noch seine Bedeutung.

Die Tragweite des Vorfalls entging den Zeitgenossen keineswegs und löste bei den einen Bestürzung, bei den anderen Jubel aus. »Eine große und glückverheißende Affäre! Ein betrügerischer Kardinal, eine Königin, verwickelt in eine Gaunerei [...] Was für eine Schande für Bischofsstab und Zepter! Welch ein Triumph für die Idee der Freiheit! Welche Bedeutung für den Gerichtshof!«, frohlockte der Richter Fréteau de Saint-Just, ein erbitterter Gegner des Absolutismus.[2] Goethe, der den Prozess ebenfalls, allerdings aus einer diametral entgegengesetzten Sicht, verfolgte, gelangte zu ähnlichen Schlussfolgerungen: »Die durch jenen Prozess entstandene Erschütterung ergriff die Grundfesten des Staates, vernichtete die Achtung gegen die Königin und gegen die obern Stände überhaupt: denn leider alles, was zur Sprache kam, machte nur das greuliche Verderben deutlich, worin der Hof und die Vornehmeren befangen lagen.«[3] Deshalb, so folgerte er, stellt der Prozess das »Vorspiel« zur Revolution dar.

Um diese außerordentlich komplexe Geschichte zu erzählen, schien es das einfachste, mit ihren Akteuren, zumindest den wichtigsten, zu beginnen, denn die gerichtlichen Ermittlungen fanden hinter verschlossenen Türen statt und eine Vielzahl von Personen aus allen Gesellschaftsschichten waren als Beschuldigte oder als Zeugen direkt mit einbezogen: Aristokraten, Minister, Bankiers, Juweliere,

Priester, Militärs, windige Abenteurer, Zauberkünstler, Domestiken, Prostituierte.

Die Person, die als Erste ins Blickfeld kommt, ist natürlich die Königin, denn sie ist, auch wenn sie es nicht weiß, der Dreh- und Angelpunkt der ganzen Affäre. Ausgerechnet zu ihr Beziehungen zu haben rühmt sich eine nicht unbegabte Hochstaplerin, Jeanne de La Motte, der es auf diese Weise gelingt, das unglaubliche Lügennetz zu spinnen, mit dem sie Rohan in die Falle lockte. Nur weil er überzeugt war, auf Wunsch der Königin zu handeln, beschloss der Kardinal, das Halsband zu kaufen; und auch die Juweliere verkauften ihr kostbares Schmuckstück nur, weil sie überzeugt waren, der Vertrag sei durch die Unterschrift Marie Antoinettes abgesichert. Tatsächlich tritt die Königin erst im allerletzten Akt auf, als sie erfährt, dass ein Mann, den sie verabscheut, sich in schändlicher Weise ihres Namens bedient hat. Doch wie sich zeigen wird, sollte die Ermittlung, die Marie Antoinette sich so dringend wünschte und die sie in den Augen ihrer Untertanen rechtfertigen sollte, zu einer bitteren Niederlage werden: Nicht nur, dass die Richter Rohan vom Vorwurf der Majestätsbeleidigung freisprechen, auch der ganze Skandal wird sich am Ende gegen sie kehren. Obwohl sie mit der Angelegenheit streng genommen gar nichts zu tun hat, erscheint sie in den Augen der Öffentlichkeit dennoch als die einzige wirklich Schuldige.

MARIE ANTOINETTE

Im August 1785 war Marie Antoinette dreißig Jahre alt und seit elf Jahren Königin eines Landes, von dem sie schon lange nicht mehr geliebt wurde. Allerdings schien sich bereits seit ihrer Ankunft in Versailles, kurz vor ihrem vierzehnten Geburtstag, alles gegen sie verschworen zu haben. Ihre Mutter, die österreichische Kaiserin Maria Theresia, hatte tatkräftig die Heirat mit dem Dauphin betrieben, um das schwierige Bündnis zwischen den beiden traditionell verfeindeten Ländern zu festigen; aber dieses Unterfangen erwies sich als äußerst vertrackt. Die seinerzeit von der Marquise de Pompadour favorisierte und schon deshalb verdächtige Übereinkunft erwies sich recht bald als wenig vorteilhaft für Frankreich, und das Unbehagen, das sie auch bei etlichen Mitgliedern der königlichen Familie hervorrief, wirkte sich unweigerlich auf die kleine habsburgische Erzherzogin aus. Überdies war die blutjunge Prinzessin in keiner Weise auf die Aufgabe, die sie erwartete, vorbereitet, sie fand sich nicht zurecht an einem Hof voller rivalisierender Parteiungen, und es fehlte ihr die Unterstützung des Duc de Choiseul, des mächtigen Außenministers, der gleich nach ihrer Ankunft in Ungnade gefallen war, nachdem er die Eheverhandlungen erfolgreich zu Ende geführt hatte. Ein wenig Zuneigung fand sie zwar bei den Tanten ihres Gatten, die sich ihrer zum Ausgleich in ihrem Privatkrieg gegen die Comtesse Du Barry, die Favoritin Ludwigs XV., bedienten, doch brachten ihr die monatlichen herrischen Briefe ihrer Mutter keinerlei Trost. Maria Theresia meinte, die einzige Aufgabe ihrer Tochter bestehe in der Vertretung der Interessen des Hauses Österreich, und hielt alle anderen Erwägungen für zweitrangig. Aber wie konnte man erwarten, dass Marie Antoinette auch nur das geringste Ansehen erringen würde, solange ihre Ehe nicht vollzogen worden war? Unter den zahlreichen Schwierigkeiten, vor denen die junge Prinzessin stand, war diese bei weitem die größte. Es war nicht zu erwarten, dass eine züchtige, ganz und gar unerfahrene Halbwüchsige in der Lage sein könnte, ihrem Gatten bei der Überwindung seiner sexuellen Probleme zu helfen, und dennoch war sie Kritik und Unterstellungen ausgesetzt. Als dann nach sieben langen Jahren unbeholfener Versuche die Ehe schließlich vollzogen wurde, waren Männlichkeit des Gatten und Ehrbarkeit der Gattin erheblich kompromittiert. Dabei hatte es Marie Antoinette zunächst trotz der Vorbehalte gegen ihre Person verstanden, die Herzen der Franzosen zu gewinnen.

Obwohl Österreicherin, war die Prinzessin unbestreitbar anmutig, fröhlich und lebenslustig, und ihre Spontaneität, die die Hofetikette nicht immer zu zügeln vermochte, wurde von den meisten mit Nachsicht bedacht. Am 8. Juni 1773 war sie an der Seite des Dauphins feierlich in Paris eingezogen und von einer enthusiastischen Menge empfangen worden. Wenn der dem Duc de Brissac zugeschriebene Satz (»Madame, seine Hoheit der Dauphin möge es mir nachsehen, aber alle Zuschauer sind Ihre Verehrer«[4]) recht gut die Begeisterung der Hauptstadt wiedergibt, so war die Liebe auf den ersten Blick durchaus gegenseitig: In den folgenden Jahren wird Marie Antoinette keine Gelegenheit zu einem Besuch der Hauptstadt auslassen.

Paris, in ganz Europa als Tempel des Fortschritts, der Mode und der Lustbarkeiten gefeiert, war für die Prinzessin gewiss eine wohltuende Abwechslung zur Langeweile und Eintönigkeit des Versailler Hofzeremoniells. Mit seinen Theateraufführungen, Bällen,

Jahrmärkten und Geschäften, den von Kutschen und Passanten wimmelnden Straßen bot die französische Hauptstadt dem Besucher ein unwiderstehliches Schauspiel, und nur hier konnte Marie Antoinette, incognito und in Begleitung weniger Freunde, endlich die Freiheit genießen, sich wie alle ihre Altersgenossen zu vergnügen, wobei sie die Bekundungen aufrichtiger Bewunderung in der berauschenden Gewissheit ihrer Einzigartigkeit bestätigten.

Die Idylle zwischen Marie Antoinette und den Franzosen war freilich von kurzer Dauer, und die Popularität der Prinzessin, die immer häufiger »die Österreicherin« genannt wurde, begann ausgerechnet in dem Augenblick zu schwinden, als sie Königin wurde.

Als ihr Gemahl nach dem überraschenden Tod Ludwigs XV. im Mai 1774 den Thron bestieg, zeigte sich Marie Antoinette sogleich entschlossen, ihren Willen durchzusetzen, angefangen bei der Gestaltung ihres Tagesablaufs und ihres Lebensstils. Sie setzte sich darüber hinweg, dass die französische Monarchie von ihren Königinnen Gehorsam, eheliche Unterordnung, Frömmigkeit und Ehrfurcht vor der Tradition forderte, sie kam ja vom Hof in Wien, wo allein ihre Mutter das Sagen hatte und die Zwänge der Etikette vor der Schwelle der Privatgemächer haltmachten. Auch hinderte sie nicht der Stolz, auf dem »schönsten Thron der Welt« zu sitzen, mit ihrer Herkunftsfamilie – die sie übrigens bei jeder sich bietenden Gelegenheit daran erinnerte – die Überzeugung zu teilen, dass die Habsburger über den Bourbonen stünden. Und ganz gewiss war der schüchterne, sanfte Ludwig XVI., erdrückt von der neuen Verantwortung als Souverän und darum bemüht, Nachsicht für seine sexuelle Unzulänglichkeit zu erlangen, nicht der Mann, der seiner Frau korrektes Betragen diktieren konnte.

Seit den Zeiten der Valois führten die französischen Monarchen ein Leben in der Öffentlichkeit; jeder Augenblick folgte einem komplexen Zeremoniell, das sich Tag für Tag, Jahr für Jahr unverändert wiederholte. Dieses zeitlose Schauspiel des Königtums beruhte auf der gemeinsamen Verpflichtung des Souveräns und seines Hofes, in gegenseitiger Abhängigkeit zu leben, und setzte von beiden Seiten voraus, dass sie ihre eigene Freiheit zugunsten von beiderseitigem Nutzen opferten. Die Etikette diente dazu, das Risiko der Willkür auszuschließen, und sicherte jedem, vom König bis zum letzten Höfling, den ihm geschuldeten Respekt. Seit fast einem Jahrhundert, nämlich seit Ludwig XIV. Versailles zu seiner Residenz gemacht hatte, war dies der Ort, wo der französische Adel darin wetteiferte, seinem Souverän zu »dienen, ihn zu unterhalten und zu überwachen«, und als Gegenleistung Ämter und Ehren erhielt.

Als Marie Antoinette Königin wurde, glaubte sie, die Pflichten ignorieren zu können, die ihr die Institution auferlegte, deren Mittelpunkt sie und ihr Gemahl waren, und dachte, sie könne im Sanktuarium der Monarchie nach eigenem Gutdünken leben. Sie fand nicht nur das Protokoll sterbenslangweilig, sondern auch die überwältigende Mehrzahl derer, die auf ihre Aufmerksamkeit Anspruch erhoben. In der Sorglosigkeit ihrer achtzehn Jahre machte sie kein Hehl daraus, dass sie nur junge Leute mochte, und es kümmerte sie nicht, dass sie damit die Feindseligkeit der älteren Generationen riskierte. Sie wollte sich aber nicht nur amüsieren, sondern strebte auch danach, gemäß den Anweisungen ihrer Mutter politischen Einfluss auszuüben, was ihr weniger gut gelang. Bei aller Nachsicht schien Ludwig XVI. fest entschlossen, der Königin auf diesem Gebiet so wenig wie möglich Gelegenheit zur Einmischung zu bieten: So hatte er sich, allem Drängen seiner Frau zum Trotz, zum Beispiel geweigert, den Duc de Choiseul wieder ins Ministerium zu berufen. Dagegen hatte sich Marie Antoinette einen soliden Ruf als rachsüchtige Intrigantin erworben, weil sie den Duc d'Aiguillon, den

Außenminister Ludwigs XV., in Ungnade hatte fallen lassen und die Absetzung des Fürsten Rohan von seinem Amt als Botschafter Frankreichs in Wien durchgesetzt hatte. Und sie stritt gar nicht ab, dass sie in beiden Fällen die Drahtzieherin war.

Um zumindest bei Hof ihren Willen durchzusetzen, bemühte sich Marie Antoinette, einen Kreis Getreuer um sich zu scharen – die sogenannte »Gesellschaft der Königin« –, indem sie ihre Gunst denen gewährte, die ihr Wohlwollen zu gewinnen wussten. Sie bevorzugte dabei den niederen und mittleren Adel, fügsamer und umgänglicher als der alte, der wenig geneigt war, sich von einer Prinzessin aus dem Hause Österreich einschüchtern zu lassen; doch damit machte sie sich alle großen Familien des Königreichs zu Feinden.

Marie Antoinette hatte es sich zur Gewohnheit gemacht, die meiste Zeit in ebenjener Gesellschaft einiger weniger Vertrauter zu verbringen, und war auf diese Weise für den übrigen Hof unerreichbar; überdies floh sie immer häufiger nach Paris mit ihrem jungen Schwager, dem Comte d'Artois, der noch viel leichtsinniger war als sie. Ihr Vorbild machte prompt Schule, und es begann eine Wanderbewegung in entgegengesetzter Richtung als der, die Ludwig XIV. ein Jahrhundert zuvor eingeleitet hatte: Schließlich war es ganz natürlich, dass der Adel wieder in die Hauptstadt strebte, da es in Versailles niemanden mehr gab, dem man hätte den Hof machen können, denn der König war dem mondänen Leben abhold und die Königin war nicht da.

Dem Gleichgewicht und dem Zusammenhalt eines längst obsoleten Systems hatte Marie Antoinette bereits einen empfindlichen Schlag versetzt, als sie der Hauptstadt gegenüber Versailles den Vorzug gab und einen gefährlichen Bruch riskierte zwischen Jung und Alt, hohem und niederem Adel und zwischen öffentlichem und privatem Leben. Damit aber nicht genug, scheute sie sich nicht, zu erklären, »für sie sei es der erstrebenswerteste Titel, die hübscheste und eleganteste Frau zu sein«.[5]

Tatsächlich war dieses Bestreben der jungen Königin ein charakteristischer Zug des Landes, über das zu herrschen sie gekommen war. Von nun an hatte nicht mehr Versailles, wie zu Zeiten des Sonnenkönigs, das Monopol auf Eleganz, jetzt war es die Hauptstadt, die in Fragen der Mode und des Geschmacks den Ton angab und wo eine neue Klasse von Finanziers und Spekulanten dominierte und der Luxus, jahrhundertelang von Moralisten und Kirchenmännern als verderbliche und zerstörerische Kraft angeprangert, als Inbegriff für ökonomischen Fortschritt gefeiert wurde.

Nach der Thronbesteigung frönte Marie Antoinette also einer Leidenschaft, die von vielen ihrer Untertanen geteilt wurde. Sie war jung, schön, stolz auf ihre Anmut, verwöhnt und vor allem bestrebt, ihre unglückliche Ehe möglichst zu vergessen. Ihr Schicksal war von anderen bestimmt worden, aber sie konnte zumindest versuchen, ihm den Stempel ihres unverwechselbaren Geschmacks aufzudrücken. Eines Geschmacks, der sich ebenso in der Wahl ihrer Freunde und ihres Zeitvertreibs wie auch in der ihrer Kleider, ihrer Frisuren und ihres Schmucks ausdrückte. Und da sie keinerlei Sinn für Maß hatte und ihr Gemahl am Ende immer ihre Schulden beglich, wuchs ihr Wunsch nach immer mehr Kleidern und Juwelen in dem Maße, wie ihre Frisuren sich zu immer schwindelerregenderen Höhen auftürmten.

Es überrascht nicht, dass dieses Verhalten ihr herbe Kritik einbrachte, und die Erste, die sich über die verschwenderische Garderobe Marie Antoinettes schockiert zeigte, war ihre Mutter. Als die österreichische Kaiserin ein Porträt ihrer Tochter erhielt, auf dem diese eine extravagante, mit Federn geschmückte Frisur zur Schau stellte, schickte sie es zurück mit der Bemerkung, es müsse sich um einen Irrtum handeln: das Porträt, das sie bekommen habe, sei doch sicher das einer Schauspielerin und nicht das einer Königin.

Der Sarkasmus der schrecklichen Maria Theresia traf ins Schwarze: Mode ist flüchtig, launisch, unbeständig und dabei gleichmacherisch, wohingegen eine Königin über allen stehen soll, außerhalb der Zeit und ganz und gar einzigartig. Die Etikette, das Ritual, die zeremoniellen Gewänder, die Kronjuwelen – all das macht sie zu einer Ikone, der Achtung zu erweisen und die zu verehren ist, zum Inbegriff des Königtums.

Marie Antoinette hörte jedoch nicht auf die mütterlichen Ermahnungen. Ihre Sehnsucht nach Zerstreuung, ihr ungezügeltes Bedürfnis nach neuen und aufregenden Vergnügungen, um ihre Gefühlseinsamkeit zu vergessen, die Frustration einer jungen, vernachlässigten Gattin, die Furcht, die kurze Zeit der Jugend nicht voll ausleben zu können, waren stärker als der elementarste Wirklichkeitssinn, mit der Folge, dass sie im Lauf weniger Jahre einen Fehler nach dem anderen beging.

Vor allem ihr eigener Hofstaat wandte sich von ihr ab. Verraten und gedemütigt, rächte sich Versailles, indem es den Grundstein legte für eine schwarze Legende, die die Königin nie mehr loswerden sollte. In der kollektiven Einbildung entstand so das Bild einer frivolen, oberflächlichen, gierigen, verschwenderischen und intriganten Frau.

Paris bemächtigte sich umgehend der Informationen aus Versailles und verbreitete sie über die Kanäle der Untergrundpresse. Finanziert von Gruppierungen, die sich gegen den Absolutismus verschworen hatten, berichteten skrupellose Schreiberlinge in allen Einzelheiten über das Privatleben Marie Antoinettes gemäß einer grausamen Logik, die darauf abzielte, die Monarchie von Gottes Gnaden zu diskreditieren. Da der König impotent war, so hieß es, was blieb der Königin anderes übrig, als sich mit den Männern und Frauen ihrer Entourage zu trösten (weshalb sie sich den Blicken ihrer Höflinge entziehen musste) und die sexuelle Unzulänglichkeit des Königs zu nutzen, um an seiner Stelle zu regieren? Diese Behauptungen waren so überzeugend, weil sie aus einer raffinierten Mischung von haarsträubenden Erfindungen und echten oder für echt gehaltenen Tatsachen bestanden und damit bewiesen, wie gut die Urheber über den Klatsch bei Hofe informiert waren. In *Le Lever de l'aurore* aus dem Jahr 1774 findet sich zum Beispiel eine anzügliche Schilderung der kaum dem Protokoll entsprechenden Gewohnheit der Königin, im Park von Versailles den Sonnenaufgang zu genießen. Und *Les Amours de Charlot et Toinette*, ein illustriertes Pamphlet, vermutlich 1779 in Umlauf gebracht, prangerte die Beziehung Marie Antoinettes zu ihrem schon erwähnten jungen Schwager an, Charles-Philippe, Comte d'Artois, dem Begleiter bei ihren Pariser Eskapaden. In beiden Fällen handelte es sich um Verleumdungen, aber um Verleumdungen, die die Königin nicht ernst zu nehmen geruhte. Es war der Beginn einer beispiellosen Diffamierungskampagne, die sich der Waffe der egalitären Sprache der Pornographie bediente.

Die feindselige Einstellung der Bevölkerung zu Marie Antoinette änderte sich auch dann nicht, als sich im Verhalten der Königin Ende der 1770er Jahre eine Wandlung vollzog. Aus dem flatterhaften halbwüchsigen Mädchen, das sich seiner Verantwortung als Königin entzog, wurde nun eine nachdenklichere, zufriedene junge Frau. 1778 gebar sie endlich ihre erste Tochter, drei Jahre später kam der ersehnte Thronfolger zur Welt, so dass sie wenn auch nicht die Freuden der Ehe, so doch die der Mutterschaft entdeckte. Und obwohl ihre Leidenschaft für den schwedischen Staatsmann Hans Axel von Fersen ungefähr in dieser Zeit entbrannte, so ließen sie die Liebe und das Vertrauen, das Ludwig XVI. ihr entgegenbrachte – rührend in seinem Glück, endlich in jeder Hinsicht ihr Gatte zu sein –, gewiss nicht gleichgültig. Auch ihre Vorlieben hatten sich gewandelt. Seit Paris sie frostig empfing, begab sie sich nicht mehr in die Hauptstadt und verbrachte stattdessen die meiste Zeit mit ihren getreuesten Freunden in den beiden prächtigen Anwesen, die ihr Ludwig zum Geschenk gemacht hatte: im Petit Trianon, einem architektonischen Wunderwerk, das von Jacques-Ange Gabriel im Schlosspark auf Betreiben der Marquise de Pompadour errichtet worden war und dem Marie Antoinette ein Miniaturdorf hinzugefügt hatte, und im Schloss von Saint-Cloud, das er dem Herzog von Orléans 1785 für eine astronomische Summe abgekauft hatte. Ihre Leidenschaft für Kleider und Schmuck war einer raffinierten Schlichtheit gewichen – Kleider aus Musselin und Hüte aus Stroh – und einem Hang zum Landleben.

Obwohl der Lebenswandel Marie Antoinettes nun geringere Angriffsflächen für üble Nachrede bot, verfolgte diese sie weiterhin wie ein böser Fluch. Zwar hatte die Mutterschaft ihre Position am Hof gestärkt: Die Wahl der für die Erziehung ihrer Kinder bestimmten Personen bot eine weitere Gelegenheit, ihre Schützlinge zu begünstigen, und der König zeigte sich immer häufiger geneigt, sie in öffentlichen Angelegenheiten um Rat zu fragen. Doch gerade dieser objektive Zuwachs an Einfluss brachte neue Verdächtigungen mit sich, welche die früheren keineswegs verdrängten, sondern sie noch verstärkten und mit neuen Details anreicherten.

Ausweglos in ihrer Vergangenheit gefangen, sah sich Marie Antoinette mit einem anderen Bild von ihrer Person konfrontiert: dem der unzuverlässigen Ausländerin, ehrgeizig und zugleich frivol, verantwortungslos, auf Luxus versessen, verschwenderisch – die Österreicherin der Volksmeinung. Diese verhängnisvolle Doppelrolle wurde sie nicht mehr los: Als die Halsbandaffäre ins Rollen kam, war es zu spät, um die Sache wieder ins Lot zu bringen. Marie Antoinette sollte von der öffentlichen Meinung verurteilt werden für das, was sie früher einmal gewesen war, genauer: für das, wofür man sie gehalten hatte. Dagegen allerdings hatte sie nichts unternommen.

DER KARDINAL-ERZBISCHOF DE ROHAN

Im August 1785 war Louis René Édouard de Rohan fünfzig Jahre alt. Seit 1777 bekleidete er das Amt des Königlichen Großalmoseniers, das höchste geistliche Amt bei Hofe, und stand damit an der Spitze der Kirche Frankreichs; zugleich aber war er auch Kardinal-Erzbischof von Straßburg, Fürst des Heiligen Römischen Reiches, Landgraf im Elsass, Rektor an der Sorbonne, Generalsuperior des königlichen Hospizes Quinze-Vingts, Kommandeur des Ordens vom Heiligen Geist und Mitglied der Académie Française. Dieser eindrucksvolle *cursus honorum* war weniger das Resultat persönlichen Verdienstes als vielmehr der Beweis für das Prestige und den Einfluss einer der bedeutendsten Familien des Königreichs.

Die Rohan rühmten sich, vom Königshaus der Bretagne abzustammen, sie standen im Rang direkt hinter den Prinzen von Geblüt und schmückten sich mit einem Wahlspruch, der ihren Ambitionen entsprach: *Roy ne puis, prince ne daigne, Rohan suis.*[6] Seit der zweiten Hälfte des 17. Jahrhunderts hatte die Familie kontinuierlich Ämter und Ehren angehäuft, und zu Beginn des 18. Jahrhunderts war es ihr gelungen, ein Mitglied der Familie auf den Bischofssitz von Straßburg wählen zu lassen, ein reiches Fürstentum zwischen Frankreich und dem Heiligen Römischen Reich. Von da an betrachteten die Rohan das Bistum als ihr Privatrevier. Der Weg war also für Louis, der von Kindheit an für die geistliche Laufbahn bestimmt war, vorgezeichnet: 1760 wurde er zum Bischofsadjutanten gewählt, dann kam er als Dritter der Familie auf den Thron der Fürstbischöfe, den zuvor sein Onkel eingenommen hatte.

Das Fehlen einer religiösen Berufung hinderte Rohan nicht, seinen vielfältigen Verpflichtungen mit Anstand nachzukommen. Bestens vertraut mit irdischen Dingen, von einnehmendem Wesen und stattlicher Erscheinung, trug er den Purpur mit der lässigen Eleganz eines Grandseigneurs. Er war steinreich und frönte einer maßlosen Leidenschaft für Luxus und Prunk, sowohl als Fürst des Heiligen Römischen Reiches wie auch als Kirchenfürst. Da er die Moral seiner Zeit und seiner Kaste teilte, verschmähte er es nicht, auch schon auf Erden das Glück zu suchen.

Doch diesem ebenso ehrgeizigen wie vergnügungssüchtigen Mann war der volle Genuss der Freuden des Lebens vergällt, seit Marie Antoinette auf den Thron gelangt war. Die Königin geruhte nämlich nicht, das Wort an ihn zu richten, und ließ keine Gelegenheit aus, ihm zu schaden. Weil er sich aber Hoffnungen machte, eines Tages ein Ministeramt im Ratskabinett zu bekleiden, bildete die feindselige Haltung der Königin ein nahezu unüberwindliches Hindernis. Dabei besaß der liebenswürdige Prälat alle erforderlichen mondänen Eigenschaften, um Marie Antoinette zu gefallen; außerdem war ihm die Ehre zuteil geworden, als Erster der künftigen Königin bei ihrer Ankunft auf französischem Boden einen glanzvollen Empfang in Straßburg zu bereiten.

Tatsächlich war es Maria Theresia gewesen, die ihren gnadenlosen Bannstrahl auf Rohan gerichtet hatte; und ausnahmsweise hatte Marie Antoinette keine Schwierigkeiten gehabt, die Anweisungen ihrer Mutter peinlich genau zu befolgen. Rohan hatte sich den Hass der Kaiserin zugezogen, als Ludwig XV. ihn im Januar 1772 als Gesandten nach Wien geschickt hatte. Als zutiefst gläubige Moralistin empfand Maria Theresia das Verhalten Rohans sogleich als unvereinbar mit dem Priestergewand und überdies als fatales Beispiel für die österreichische Aristokratie, die im Übrigen begeistert seinen Einladungen folgte. Außerdem stellte sich, schlimmer noch, heraus, dass dieser allzu frivole und galante Prälat alles andere als ein Einfaltspinsel war. Er hatte entdeckt, dass die kaiserlichen Beamten den Geheimcode kannten, den die französischen Gesandten für die Korrespondenz mit Versailles benutzten; auch hatte er begriffen, dass Österreich, im Gegensatz zu dem, was Maria Theresia vorzutäuschen versuchte, zusammen mit Russland und Preußen die Teilung Polens vorbereitete, um dann Frankreich vor vollendete Tatsachen zu stellen. Im selben Jahr schrieb der Gesandte an seinen Minister: »Ich habe Maria Theresia tatsächlich über das Unglück der unterdrückten Polen weinen sehen; doch diese Fürstin ist geübt in der Kunst der Verstellung und scheint mir über Tränen auf Kommando zu verfügen: In der einen Hand hält sie das Taschentuch, um sich die Augen zu trocknen, mit der anderen ergreift sie das Schwert der Verhandlung, um als dritte Macht bei der Teilung dabei zu sein.«[7]

Der Herzog von Aiguillon hatte den Brief für pikant genug gehalten, um ihn Madame Du Barry zu zeigen, der er seine Stellung verdankte. Und die Favoritin, durch die Missachtung Marie Antoinettes selbst zutiefst gedemütigt, hatte sofort die Gelegenheit ergriffen, sich zu rächen und die Kaiserin zu verhöhnen, indem sie das streng vertrauliche Schreiben publik machte. Darüber hinaus wurde Rohan während seiner Zeit als Gesandter in Wien nicht müde, die Aufmerksamkeit auf die Stichhaltigkeit der Kritik an der Dauphine zu lenken, die in Versailles laut zu werden begann. Und wenn ihm damals noch nicht klar war, dass er damit seine eigene Zukunft gefährdete, musste er es zur Kenntnis nehmen beim Tod Ludwigs XV., als eine der ersten Maßnahmen des neuen Königs die Verbannung des Herzogs von Aiguillon und die Abberufung Rohans von seinem Gesandtenposten war.

Nach diesem ersten Sieg musste Marie Antoinette mehrere Niederlagen hinnehmen. Sie konnte nicht verhindern, dass Rohan den Kardinalspurpur erhielt und, schlimmer noch, das Amt des Großalmoseniers. Die Rohan – in erster Linie die Gräfin von Marsan, geborene Rohan-Soubise, frühere Gouvernante Ludwigs XVI., sowie der Marschall von Soubise, persönlicher Freund Ludwigs XV. – verstanden es besser als alle anderen, auf ihre Rechte zu pochen, früher gegebene Versprechen einzuklagen, das Netzwerk ihrer Bekannten zu nutzen. Nicht einmal der verheerende Bankrott eines ihrer prominentesten Mitglieder, des Fürsten von Rohan-Guéménée, konnte ihrem Ansehen etwas anhaben; insbesondere die glänzende Karriere der »Belle Eminence« war ein Triumph für die ganze Familie.

Anstatt nun der komplizierten Machtbalance, auf der die Funktionsweise des Hofes beruhte, Rechnung zu tragen und sich damit abzufinden, Rohan mit der Achtung zu behandeln, die seinem Rang zukam, hatte Marie Antoinette, autoritär und nachtragend, wie sie war, beschlossen, dem Kardinal ihr Ressentiment in aller Öffentlichkeit zu demonstrieren, indem sie niemals das Wort an ihn richtete. 1785 war es acht Jahre her, seit der Großalmosenier zu allen offiziellen Zeremonien nach Versailles und in die anderen königlichen Residenzen kam, seit er die Messe an den hohen Festtagen zelebrierte und die königliche Nachkommenschaft taufte, und doch ignorierte Marie Antoinette hartnäckig seine Anwesenheit, die ihr aufgenötigt worden war. An einem Hof, wo jeder fieberhaft um das Wohlwollen der Herrscher buhlte, erlebte Rohan Marie Antoinettes Verhalten als wahre Folter. Mit Ehren überhäuft und im Zentrum des monarchischen Rituals verankert, blieb er dennoch unsichtbar für die Augen derjenigen Frau, die als Einzige für ihn zählte und deren Einfluss täglich größer wurde. So schrieb Graf von Mercy, der österreichische Botschafter, nach Wien: »Der Einfluss der Königin ist so groß, dass die meisten Minister des Kabinetts keine Wahl haben: Sie haben zu gehorchen; sie wagen nicht einmal, zu widersprechen.«[8] Die französische Monarchie wurde zunehmend von Frauen dominiert – und viele beklagten dies als gefährlich. Die Vergabe der königlichen Gunst, geheimnisvollster und willkürlichster Ausdruck der absoluten Macht, schien zum ausschließlichen Vorrecht von Marie Antoinette geworden zu sein.

Zum Glück fehlte es dem Kardinal nicht an Zerstreuungen: Wenn seine Aufgaben ihn nicht an den Hof riefen, führte er in seiner Diözese ein fürstliches Leben und verschuldete sich bis über die Ohren, um in Saverne ein überdimensionales Schloss zu bauen; er ließ kaum eine mondäne Veranstaltung aus, verfolgte mit regem Interesse die Diskussionen der Aufklärer und die politischen und wirtschaftlichen Probleme, mit denen sich die Regierung immer dringlicher konfrontiert sah. Schließlich erhellte ein neuer Stern seinen Weg, seit sich ein Sizilianer mit undurchsichtiger Vergangenheit namens Giuseppe Balsamo, der sich als Graf Cagliostro präsentierte, gegen Ende des Jahres 1780 in Straßburg niedergelassen und den Kardinal in die Alchemie, die ägyptischen Mysterien und die Suche nach dem Stein der Weisen eingeweiht hatte.

Trotzdem war die »Belle Eminence« nach wie vor von der Vorstellung besessen, ein in Ungnade gefallener Höfling zu sein: Wie konnte er es anstellen, den Zorn der Königin zu besänftigen, und ihre Vergebung erlangen?

Die Antwort erhielt er von einer skrupellosen Abenteurerin, die ein Jahr nach dem Auftauchen Cagliostros auf der Bildfläche erschien und deren Zauberkünste sich als denen des sizilianischen Magiers weit überlegen und als unendlich gefährlicher erweisen sollten.

JEANNE DE S^T. REMI DE VALOIS,

ÉPOUSE DU COMTE DE LA MOTTE,

Née à Fontette, le 22 Juillet 1756, mariée en 1780.

DIE COMTESSE DE LA MOTTE

Im August 1785 war Jeanne de La Motte neunundzwanzig Jahre alt, also ein Jahr jünger als die Königin, und wie diese konnte sie sich königlicher Abstammung rühmen. Trotzdem war ihr bisheriges Leben von Schrecken, Elend und Demütigung erfüllt gewesen. Ihr Stammbaum ging zurück auf den Baron von Saint-Rémy, einen von Heinrich II. von Valois als legitim anerkannten Bastard; doch die Familie, schon seit dem 17. Jahrhundert in Fontette (in der Umgebung von Bar-sur-Aube in der Champagne) ansässig, war während der letzten Generationen immer mehr verarmt und schließlich in äußerste Not geraten. Jeannes Vater hatte nicht nur die letzten noch in seinem Besitz verbliebenen Ländereien verkauft, sondern auch den Ehrenkodex seines Standes aufgegeben; er schlug sich mit rechtswidrigen Geschäften durch, heiratete eine Magd, überließ seine Kinder der Mildtätigkeit der Nachbarschaft und ertränkte seine Schande im Alkohol. Als ihm klar wurde, dass er nichts mehr zu nagen und zu beißen hatte, entschloss er sich, beim König Hilfe zu erbitten, starb aber im Hôtel-Dieu, im Armenhospiz von Paris, ohne Versailles betreten zu haben. Die letzten Worte, die er auf dem Sterbebett in einer Anwandlung von Würde seiner Tochter zuflüsterte, lauteten: »Denken Sie stets und in allen Lebenslagen daran, dass Sie eine Valois sind! Und sorgen Sie dafür, dass Ihre Gefühle niemals Ihren Namen entehren können«.[9] Da war Jeanne sieben Jahre alt. Der väterliche Auftrag, seine einzige

Hinterlassenschaft, sollte sich bald in eine wahre Obsession verwandeln.

Jeannes Mutter hatte eine praktischere Vorstellung vom Wert, den der Name ihres Mannes bedeuten mochte. Sie war nun Witwe, und ein viertes Kind lag noch in der Wiege, als sie sich in einen mittellosen, gewalttätigen Soldaten vernarrte und ihre Kinder, um über die Runden zu kommen, zum Betteln auf die Straße schickte. In Frankreich herrschte kein Mangel an Bettlern jeglichen Alters, aber die Abstammung der Kinder war ein sicheres Mittel, um größeres Mitleid zu erregen als eine grässliche Verstümmelung. Also bekam Jeanne die Anweisung, Passanten um ein Almosen zu bitten mit den Worten: »Haben Sie Mitleid mit einer armen kleinen Waise, die in direkter Linie von Heinrich II. von Valois, König von Frankreich, abstammt!«

Das war keine schlechte Strategie. Das Sprüchlein der barfüßigen Kleinen mit ihrem ebenso erbarmungswürdigen jüngeren Bruder an der Hand erregte denn auch eines Tages die Aufmerksamkeit der Marquise de Boulainvilliers, Frau des Profosses von Paris und Besitzerin eines Schlosses unweit von Fontette. Nachdem der Nachweis von Jeannes königlicher Abstammung erbracht war, ließ die Marquise Jeanne und ihre jüngere Schwester Marie-Anne im Ursulinenkloster von Ligny-en-Barrois unterbringen, den kleinen Jacques in einem Heim für Jungen, und erwirkte vom König eine bescheidene Pension für jedes der drei Waisenkinder. Alles in der Hoffnung, dass die beiden Schwestern später den Schleier nahmen und der junge Baron in den Malteserorden eintrat.

Jeanne aber hatte ganz andere Vorstellungen von ihrer Zukunft. Die Erinnerung an ihre schreckliche Kindheit war zu schmerzlich, und um sie ertragen zu können, bedurfte es einer den erlittenen Demütigungen angemessenen Entschädigung. Sie gehörte einem königlichen Geschlecht an, und sie hatte eine Mission: wieder den ihr gebührenden Platz in der Gesellschaft einzunehmen, vom König die Rückgabe ihrer Ländereien zu erlangen und erhobenen Hauptes als Schlossherrin nach Fontette zurückzukehren. Das Wohlwollen, das ihr Madame de Boulainvilliers entgegenbrachte, bestärkte womöglich ihre Rachegelüste. Als ihre Gönnerin die Geschwister nach dem Verlassen des Klosters wieder bei sich aufgenommen und Jeanne auch noch eine Arbeit besorgt hatte – zuerst als Schneiderin, dann als Zofe bei einer adligen Dame –, bekam sie Gelegenheit, die Gepflogenheiten der vornehmen Welt zu beobachten und festzustellen, wie unannehmbar die ihr gebotene subalterne Position war. Verbittert und enttäuscht hatte sie zunächst darum gebeten, ins Kloster zurückkehren zu dürfen, allerdings nur, um kurz darauf, es war das Jahr 1779, zusammen mit ihrer Schwester endgültig zu fliehen. Jeanne war jetzt dreiundzwanzig, und sie beschloss, sich mit Leib und Seele der Rückgewinnung dessen zu widmen, worauf sie ihrer festen Überzeugung nach ein angestammtes Recht hatte: Reichtum, Ehre und gesellschaftliches Ansehen.

Um ihre Ansprüche zu legitimieren, besaß sie nur ein Stück Papier, ihren Adelsbrief, und um sie geltend zu machen, allein ihre Überzeugungskraft. Tatsächlich aber verfügte sie über mehr als einen Pfeil im Köcher: Sie war intelligent, verführerisch, skrupellos, sie verstand sich auf die Kunst der Verstellung und die, ihre Mitmenschen zu manipulieren. Ressentiment und grenzenloser Stolz hatten aus dem verlassenen Mädchen eine Hochstaplerin gemacht, angetrieben von einer hysterischen, kriminellen Energie und notfalls bereit zu den waghalsigsten Unternehmungen.

Ihr Abenteuer begann in Bar-sur-Aube, der Stadt ihrer Vorfahren, und wir verdanken einer ihrer ersten Eroberungen, dem jungen, liberal gesinnten Anwalt Jacques-Claude Beugnot, dem eine glänzende Zukunft in der napoleonischen Verwaltung bestimmt war, ein unmittelbares Zeugnis ihres verstörenden Charmes. Beugnot schreibt in seinen Memoiren: »Madame de La Motte war nicht schön im üblichen Sinne; sie war mittelgroß, zartgliedrig und wohlgestaltet; sie hatte blaue, ausdrucksvolle Augen unter schwarzen, schöngewölbten Brauen; ein längliches Gesicht, einen großen Mund, doch wunderbare Zähne und, typisch für Frauen ihres Schlags, ein bezauberndes Lächeln. Sie besaß schöne Hände, sehr kleine Füße. Ihr Teint war von bemerkenswertem Weiß [...]. Sie entbehrte jeder Art Bildung, war dafür aber sehr unterhaltsam, lebhaft und scharfsinnig. Von Geburt an stand sie auf Kriegsfuß mit der gesellschaftlichen Ordnung, über deren Gesetze sie sich ebenso selbstverständlich hinwegsetzte wie über die der Moral, ganz als ob sie von deren Vorhandensein keine Ahnung hätte. All das ergab ein erschreckendes Gesamtbild für den Beobachter, wirkte aber verführerisch auf normale Menschen, die es nicht so genau nahmen.«[10]

Der erste Schritt Jeannes bestand darin, sich einen Ehemann zu verschaffen. Ein schwieriges Unterfangen, denn sie konnte keinerlei Mitgift bieten, und nur ihre fortgeschrittene Schwangerschaft – Zwillinge, die wenige Stunden nach der Geburt starben – veranlasste Marc Antoine Nicolas de La Motte, einen jungen Offizier, der seinerseits auch »keinerlei Vermögen« besaß, aber begabt war mit dem »Talent, Schulden anzuhäufen«,[11] sie am 6. Juni 1780 zum Traualtar zu führen. Beide machten eine sehr schlechte Partie, allerdings erwies sich de La Motte als ebenso gelehrig wie frei von Skrupeln und fügte sich allen Entscheidungen seiner Frau. In einem nächsten Schritt ließ sich das Paar in Paris nieder, um hier prominente Unterstützer zu finden, die ihnen zu einer wirtschaftlich angemessenen Position und Zugang zum Hof von Versailles verhelfen sollten. Als Abkömmling des Hauses Valois wollte sich Jeanne direkt an die königliche Gerichtsbarkeit wenden, um wieder in den Besitz von Essoyes, Fontette und Verpillières zu gelangen, den Ländereien ihrer Vorfahren, die an die Krone gefallen waren. Zu diesem Zweck beschloss sie, sich der Vermittlerdienste des Kardinals Rohan zu bedienen.

Madame de La Motte hatte den Fürsten über ihre segensreiche Gönnerin kennengelernt. Im Herbst 1781, als sich Jeanne in Lunéville aufhielt, wo das Regiment ihres Mannes stationiert war, hatte sie mit der Marquise de Boulainvilliers in Straßburg wieder Kontakt aufgenommen. Anstatt ihr die Flucht aus dem Kloster übelzunehmen, stellte sie Jeanne dem Kardinal vor. Dies sollte ihre letzte Wohltat für ihren Schützling sein, denn wenige Monate später starb sie.

Geborene Schauspielerin, die sie war, entfaltete Madame de La Motte ihr ganzes Talent, um Rohan zu umgarnen. Sie verstand es geschickt, an seine Großzügigkeit zu appellieren, und erhielt zahlreiche Geldspenden, ohne je ihre Ambitionen als hochwohlgeborene Dame aufzugeben; wahrscheinlich vermochte sie auch, seine Sinne zu erregen und ihn durch ein galantes Spiel an sich zu binden, ohne ihre eigene Freiheit einzuschränken; vor allem gelang es ihr, sein Vertrauen zu gewinnen und seine geheimsten Gedanken zu erkennen, ohne jemals irgendetwas von sich selbst preiszugeben. Dazu musste sie von Anfang an ein heikles Doppelspiel inszenieren. Dank der finanziellen Unterstützung des Kardinals konnte sie sich in Paris niederlassen, das allein reichte aber nicht aus für eine Lebensführung, die sie in den Augen der vornehmen Welt, die sie erobern wollte, und insbesondere in den Augen Rohans glaubwürdig machen konnte. Jeanne, die sich jetzt Comtesse nennen ließ, war gezwungen, einstweilen auf Kredit zu leben. Sie verschuldete sich immer mehr, hungerte, musste ständig ins Pfandhaus laufen und unaufhörlich auf der Flucht vor den Gläubigern die Wohnung wechseln. In Versailles, wo die junge Frau nun ihre Tage mit vergeblichen Versuchen zubrachte, eine Audienz bei den Ministern zu erlangen und dem erstbesten eine Aufstellung ihrer Forderungen und eine Kopie ihres Stammbaums unter die Nase zu halten, liefen die Dinge nicht besser. Es gelang ihr immerhin, das Mitleid einer Tante des Königs zu erregen, indem sie in deren Vorzimmer im größten Gedränge in Ohnmacht fiel, worauf sie eine kleine Summe Geldes erhielt. Doch als sie die gleiche Szene im Appartement der Comtesse d'Artois aufführte, begnügte man sich, ihr wieder auf die Beine zu helfen. Dann täuschte sie ein weiteres Mal eine Ohnmacht vor, als die Königin bei ihrem täglichen Ritual durch den Spiegelsaal schritt, aber Marie Antoinette setzte ihren Weg fort, ohne sie überhaupt zu bemerken.

Nach all diesen Misserfolgen beschloss Madame de La Motte, die Rohan zu verstehen gegeben hatte, sie sei nun ein vertrauter Gast in Versailles, ihn zu bitten, sie der Königin zu empfehlen; der Kardinal musste ihr gestehen, dass er dazu nicht in der Lage sei, da er schon vor langem in Ungnade gefallen sei. Ein Unglück, so fügte er mit Tränen in den Augen hinzu, das seine fröhlichsten Augenblicke vergifte. Ein verhängnisvolles Geständnis, das, wie der treue Abbé Georgel später in seinen Memoiren schreiben wird, »der höllische Funke [wurde], der den verheerendsten Brand entfachte und einen Verführungsplan entstehen ließ, wie er in den Annalen der menschlichen Dummheit nicht häufig vorkommt«.[12] Jeanne hatte herausbekommen, dass der illustre Prälat unter einer Obsession litt, deren Heftigkeit niemand besser verstehen konnte als sie selbst, und sie wusste auch, dass der Name der Königin die magische Formel war, mit deren Hilfe sie von Rohan alles bekommen konnte, was sie wollte. Dazu musste sie freilich Seiner Eminenz weismachen, es sei ihr gelungen, die Gunst Marie Antoinettes zu erlangen.

DER GROSSE BETRUG

Zunächst beschränkte sich die Comtesse darauf, dem Kardinal anzuvertrauen, dass die Königin, über ihre Lage in Kenntnis gesetzt, ihre Bekanntschaft habe machen wollen, sie äußerst zuvorkommend behandelt und ihr häufig private Unterredungen gewährt habe. Das war zwar höchst unwahrscheinlich, aber nicht völlig ausgeschlossen, denn königliche Bastarde hatten stets größte Achtung genossen; es war noch nicht lange her, dass Ludwig XIV. bedenkenlos seine unehelichen Nachkommen legitimiert und in den Rang von Prinzen von Geblüt erhoben hatte. Außerdem war allgemein bekannt, dass die Königin unter Missachtung der Etikette sich gerne mit bestimmten Personen zurückzog; zudem hatte sich immer mehr das Gerücht von ihren sapphischen Neigungen verbreitet.

Als Nächstes erbot sich Jeanne, sich bei der Königin als Fürsprecherin für den Kardinal zu verwenden: Marie Antoinette, sagte sie, sei bereit, ihren früheren Groll zu vergessen, wenn Rohan den Beweis erbringe, dass er ihre Verzeihung verdiente. Und die Comtesse geizte nicht mit Ratschlägen, wie die Gunst der Königin zu erlangen sei. Das Nächstliegende sei es, den – im Übrigen allgemein bekannten – finanziellen Schwierigkeiten der Königin abzuhelfen, indem man ihr diskret durch ihre, de La Mottes, Vermittlung für wohltätige Zwecke bestimmte Gelder zukommen lasse, wodurch es der Königin erspart bleibe, sich an den König zu wenden. Der Kardinal, der Jeanne volles Vertrauen schenkte, entsprach begeistert diesem Ersuchen, verstand indes nicht, warum die Königin sich weiterhin beharrlich weigerte, das Wort an ihn zu richten. Jeanne wurde nun immer kühner und erklärte, Marie Antoinette wolle ihren Sinneswandel noch nicht bei Hofe bekannt machen – vor allem nicht gegenüber dem Baron von Breteuil, der den Kardinal hasste –, denn sie sei im Begriff, ihr in aller Heimlichkeit einen Auftrag von höchster Wichtigkeit anzuvertrauen.

Damit nicht genug: Um Zeit zu gewinnen und dem Kardinal weiterhin Geld abzuknöpfen, fädelte sie eine abenteuerliche Intrige ein. Sie begann, ihm Briefe zu überbringen, in denen ihm Marie Antoinette persönlich im Ton liebenswürdiger Komplizenschaft mitteilte, was sie von ihm erwartete. Der Kardinal beeilte sich, Madame de La Motte seine Antwort anzuvertrauen und ehrfurchtsvoll die erhaltenen Anweisungen zu befolgen. Seitdem dieser Briefwechsel mit der Königin in Gang gekommen war, lebte er in einem permanenten Hochgefühl, das die spiritistischen Sitzungen Cagliostros nur noch bestärkten, dem Rohan inzwischen eigens einen Tempel für das Ritual der ägyptischen Freimaurerei eingerichtet hatte.

Jeanne de La Mottes Plan war gut ausgedacht, konnte aber nicht endlos weiterverfolgt werden; außerdem reichten die Geldbeträge, die sie an sich brachte, so gewaltig sie auch waren, bei weitem nicht aus, ihre unersättliche Gier nach zur Schau gestelltem Luxus zu stillen. Vom Ton »teilnehmenden Interesses und intimen Vertrauens«[13] ermutigt, den die königliche Briefpartnerin in ihren Schreiben an den Tag legte, hatte sich der Kardinal überdies hoffnungslos in sie verliebt und konnte es kaum erwarten, sie endlich zu sprechen. Madame de La Motte brauchte einen genialen Einfall, um sich aus der Klemme zu befreien. Als erfahrene Schauspielerin ahnte sie, dass die Lösung des Problems auf der Hand lag, vor den Augen aller Franzosen, die soeben der *Hochzeit des Figaro* einen beispiellosen Triumph bereitet hatten.

Da Rohan sich nicht von seinem Vorhaben abbringen ließ, musste so getan werden, als unterstütze man seinen Wunsch, und zwar durch einen Rollentausch, ähnlich dem der Gräfin Almaviva, die im letzten Akt von Mozarts und da Pontes Komödie ihren untreuen Gemahl entlarvt – nur unter umgekehrtem Vorzeichen.

Um ihre überspannten Pläne ins Werk zu setzen, konnte Jeanne auf zwei zuverlässige Komplizen zählen. Ihren stürmischen jungen Geliebten Marc-Antoine Rétaux de Villette – einen früheren Waffenbruder ihres Mannes, ebenfalls hochverschuldet und gewohnt, sich durchzulavieren – betraute sie mit der Verfertigung der Briefe der Königin an Rohan, in Schönschrift und nach ihrem Diktat. La Motte hingegen, Jeannes Mann, übernahm den Auftrag, eine Person zu finden, die die Rolle der Königin spielen sollte. Die Wahl fiel auf eine anmutige junge Frau von dreiundzwanzig Jahren, eine gewisse Marie-Nicole Leguay, die ihre Einkünfte aufbesserte, indem sie von Zeit zu Zeit ihre Gunst feilbot, und die Marie Antoinette sehr ähnlich sah. Sie war Madame de La Motte aufgefallen, als sie in den Gärten des Palais-Royal ihre Kunden anlockte, und es war nicht schwierig gewesen, ihr eine ebenso unbestimmte wie gut bezahlte Aufgabe schmackhaft zu machen: einen Spaziergang in Versailles an der Seite einer vornehmen Dame.

So kam es, dass am Abend des 10. August 1784 die junge Frau zusammen mit Madame de La Motte den bereits in Dämmerlicht getauchten Schlosspark betrat. Leguay, die aus diesem Anlass in Baronin d'Oliva umbenannt worden war – beinahe ein Anagramm von Valois! –, trug ein weißes Musselinkleid, das Gesicht war verborgen hinter einem Organdyschleier, und in der Hand hielt sie eine Rose – eine Aufmachung, ganz ähnlich derjenigen auf einem Porträt der Königin, das Madame Vigée-Lebrun ein Jahr zuvor gemalt hatte. Erst wenige Minuten vor ihrem Auftritt hatte man sie in ihre Rolle eingewiesen: Sie sollte so tun, als sei sie die Königin, und die Rose sowie einen Brief, den man ihr in die Tasche gesteckt hatte, einem hohen Herrn überreichen, der sie im Park treffen würde. Marie Antoinette höchstpersönlich, die dem Kardinal einen Streich spielen wollte, so hatte man ihr versichert, werde die Szene aus der Ferne beobachten.

Unterdessen erschien das auserkorene Opfer des Täuschungsmanövers, von Madame de La Motte davon unterrichtet, die Königin erwarte ihn Punkt elf Uhr im Venushain zum Stelldichein, im schwarzen Gehrock und mit tief ins Gesicht gezogenem großen Hut. Das einzig Plausible an dieser unglaublichen Inszenierung war die Wahl des Ortes und der Stunde: Es war bekannt, dass die Königin in warmen Sommernächten gerne im Park spazieren ging, mit Vorliebe im Wäldchen am Fuße der Hundert Stufen. Aber die Vorstellung, die Gemahlin des Königs von Frankreich könnte sich heimlich allein mit einem Mann treffen, noch dazu mit einem Kleriker, war reinster Wahnwitz und ein Hinweis darauf, in welch verwirrtem Zustand sich Rohan befand.

Das Treffen dauerte nur wenige Sekunden: Der Kardinal warf sich der Leguay zu Füßen, die ihm in Panik die Rose hinhielt und einige zusammenhanglose Worte murmelte, jedoch vergaß, ihm den Brief zu überreichen. Da tauchte Madame de La Motte hinter einem Gebüsch auf, mit der alarmierenden Nachricht, der Graf und die Gräfin von Artois seien im Anmarsch, und zog den Kardinal in Richtung Schloss, während sich ihr Geliebter und ihr Gatte beeilten, die Gelegenheitsschauspielerin aus dem Park zu schleusen.

Die Comtesse nutzte sofort den geglückten Schwindel und ließ Rohan ein Schreiben zukommen, in dem die Königin ihn um sechzigtausend Livres für eine notleidende Familie bat. Die prompt kassierte Summe ermöglichte dem Ehepaar La Motte eine Reise in großem Pomp nach Bar-sur-Aube, mit Kutsche, Pferden, Domestiken, teuren Möbeln, Kleidern und protzigem Schmuck. Für Jeanne war dieser Triumph, den sie sich immer erträumt hatte, das Vorspiel zur Rückgewinnung von Fontette.

Zurück in Paris, wuchs der Größenwahn der Comtesse proportional zu ihrem Geldbedarf. Sie war es gewöhnt, von der Hand in den Mund zu leben, aber sie wusste auch, welche Hypothek auf ihrer Zukunft lastete. Als sie daher erfuhr, dass die beiden berühmtesten Juweliere von Paris Vermittler suchten, um die Königin zum Kauf eines phantastischen Diamantcolliers zu bewegen, war für sie der Augenblick gekommen, alles auf eine Karte zu setzen.

Ebenso vermessen war das Vorhaben, mit dem Charles-Auguste Böhmer seine lange und erfolgreiche Karriere zu krönen gedachte, die ihm den begehrten Titel des Hofjuweliers eingetragen hatte. Zusammen mit seinem Geschäftspartner Paul Bessange hatte er jahrelang die größten und reinsten Diamanten auf dem europäischen Markt erworben und gehortet, um ein in der Welt einzigartiges Collier zu schaffen. Das sagenhafte Schmuckstück erinnerte allerdings weniger an ein Halsband als an ein prunkvolles Pektorale, bestehend aus einer Reihe von siebzehn haselnussgroßen Diamanten, aus der drei Girlanden entsprangen, in deren Mitte jeweils ein birnenförmiger Anhänger angebracht war, und an den Seiten hingen vier lange Bänder aus je drei Reihen Diamanten, die fast bis zur Taille reichten. Die beiden Bänder in der Mitte kreuzten sich auf Höhe des Brustansatzes, wo ein riesiger Diamant prangte, um am Ende, wie die seitlichen Bänder, in fünf funkelnde Quasten zu münden. Die Steine erreichten insgesamt das ungeheure Gewicht von zweitausendachthundert Karat.

Obwohl es als *collier en esclavage* (Sklavencollier) bezeichnet wurde, war der Schmuck jener Dame würdig, die Thomas Carlyle

»the sultana of the world«,[14] nennen sollte. Ursprünglich hatte Böhmer das Schmuckstück im Gedanken an Madame Du Barry entworfen, die Favoritin Ludwigs XV. und Sultanin par excellence, deren Schmuckleidenschaft durch die grenzenlose Großzügigkeit ihres Geliebten bestärkt wurde. Mit dem plötzlichen Tod des Bien-Aimé war der Plan ins Wasser gefallen, und Böhmer hatte seine Hoffnungen nun auf Marie Antoinette gesetzt, die schon zu ihrer Zeit als Dauphine einen Ruf als *croqueuse de diamants* (Goldgräberin) besaß. Die günstige Gelegenheit für den Juwelier kam 1778, als die Königin ihre erste Tochter zur Welt brachte und Ludwig XVI. ihr das Collier zur Feier des freudigen Ereignisses schenken wollte. Ob Marie Antoinette nun andere Prioritäten hatte oder ob sie die wirtschaftlichen Schwierigkeiten, in die Frankreich durch die Unterstützung der amerikanischen Unabhängigkeitsbewegung geraten war, nicht gleichgültig ließen, jedenfalls hatte sie das Angebot ihres Gemahls abgelehnt mit den berühmten Worten: »Dringender als Schmuck brauchen wir ein Schiff.« In der Tat belief sich der Wert des Colliers auf die schwindelerregende Summe von einer Million achthunderttausend Livres.

Die Juweliere gaben sich indes nicht geschlagen und kamen in Abständen immer wieder auf ihren Vorschlag zurück, manchmal mit Rabattangeboten, manchmal mit Verzweiflungsszenen und Selbstmorddrohungen, bis Marie Antoinette schließlich, ihrer Aufdringlichkeit überdrüssig, sich verbat, jemals wieder in ihrer Gegenwart über das Collier zu sprechen. Wohl wissend, dass ihr Meisterwerk, in das sie ihr ganzes Kapital investiert hatten, zu teuer für jeden anderen Käufer war, suchten die Juweliere weiterhin fieberhaft nach Vermittlern, die in der Lage wären, die Königin zu einem Sinneswandel zu bewegen. Nach vielen Fehlschlägen vertrauten sie sich den guten Diensten von Madame de La Motte an, der es gelungen war, das Gerücht in Umlauf zu setzen, sie stehe in der Gunst der Königin.

Am 29. Dezember 1784 begaben sich Böhmer und Bessange zu der Comtesse, um ihr den Schmuck zu zeigen, und kaum einen Monat später ließ sie ihnen mitteilen, sie habe einen Käufer gefunden: einen vornehmen Herrn, beeilte sie sich zu betonen, mit dem die beiden Partner die Modalitäten des Geschäfts persönlich besprechen sollten. Selbstverständlich handelte es sich um Rohan.

Von Beginn an hatte die einfallsreiche Jeanne einen wahrlich teuflischen Plan ersonnen. Zunächst musste Rohan davon überzeugt werden, dass Marie Antoinette dieses Collier sehnlichst begehrte, aber weder über die notwendige Summe verfügte noch sich an ihren Gemahl wenden wollte und deshalb Rohan bitte, es in seinem Namen zu kaufen und mit Böhmer einen Zahlungsmodus zu vereinbaren, der es ihr erlaube, binnen zweier Jahre ihre Schulden abzubezahlen. Da die Königin dafür bekannt war, Schmuck ohne Wissen ihres Gemahls auf Kredit zu kaufen, würde die Anfrage dem Kardinal völlig plausibel erscheinen. Sobald Rohan entschlossen wäre, den Handel abzuschließen und den Vertrag zu unterschreiben, würde sich die Comtesse des Colliers bemächtigen, die Diamanten verkaufen und auf diesem Wege ein für alle Mal ihre finanziellen Probleme lösen. War dann die erste Rate fällig und die Sache kam ans Licht, würde Jeanne – wohl wissend, dass der Kardinal mit Sicherheit keine Gelegenheit zur Aussprache mit der Königin bekam – Mittel und Wege finden, jegliche Verantwortung abzustreiten und Rohan zu zwingen, die Juweliere zu bezahlen.

Die erste Etappe der Unternehmung verlief nach Plan. Der heikelste Moment war die Vereinbarung über die Bedingungen des Handels: Madame de La Motte erklärte, sie werde die Modalitäten der Königin persönlich unterbreiten, und nach etlichem Hin und

Her zwischen Paris und Versailles brachte sie eine Kopie des Vertrags mit der Unterschrift der Königin. Auch diesmal hatte Villette die Schrift gefälscht. Zumindest ein Detail hätte jedoch dem Kardinal ebenso wie den Juwelieren verdächtig vorkommen müssen: Die Königin hatte mit »Marie Antoinette de France« unterschrieben, aber alle drei, der Kardinal und die Juweliere, hätten wissen müssen, dass einzig die Söhne und Enkel des Königspaars ihrem Namen den Zusatz »de France« anfügten, die Königinnen hingegen nur mit ihrem Vornamen signierten.

Am Morgen des 1. Februar 1785 lieferte Böhmer samt Partner dem Kardinal Rohan in dessen Pariser Palais die imposante Lederschatulle mit dem Schmuck, den der Kardinal eilends zu Madame de La Motte nach Versailles brachte. Auch bei diesem Anlass zeigte sich Jeannes Talent zur Inszenierung. Zu abendlicher Stunde erschien Rohan vor dem Haus der Comtesse, entließ den Diener, der die Schmuckschatulle getragen hatte, und, so berichtet es der Abbé Georgel, »trat ein in den Ort, an dem seine Ehre vernichtet werden sollte: einen Alkoven mit einem kleinen Nebenzimmer mit Glastür. Die geschickte Schauspielerin plazierte ihren einzigen Zuschauer in diesen Nebenraum; schummriges Licht herrschte in der Wohnung; eine Tür geht auf; eine Stimme ruft laut: ›Ich komme von der Königin …‹ Madame de La Motte nähert sich ehrerbietig, nimmt die Schatulle mit dem Collier entgegen und überreicht sie dem angeblichen Boten: So spielte sich die Übergabe des Colliers ab. Der Fürst, als verborgener stummer Zeuge, glaubte, den Boten wiederzuerkennen; Madame de La Motte erklärte ihm, es sei der Kammerdiener der Königin im Trianon: Er trug die gleiche Livree und hatte auch dessen Gestalt.«[15]

Rohan kehrte nach Paris zurück, überglücklich, seine ritterliche Mission zum guten Ende gebracht zu haben, und überzeugt, das

Collier befinde sich nun in der Hand der Königin. Aber wenn auch nur der Schatten eines Zweifels oder simple Vergesslichkeit ihn dazu bewogen hätte, noch einmal zurückzukehren, so hätte er eine ganz andere Szene erlebt als die, die er soeben gesehen hatte. Seine Eminenz hätte nämlich den Comte, die Comtesse und Villette an einem Tisch angetroffen, wie sie bei Kerzenlicht Böhmers Meisterwerk zerlegten, mit Küchenmessern die Steine aus der Fassung stemmten und etliche dabei erheblich beschädigten. Anderntags begannen die drei Komplizen mit dem Verkauf einer Anzahl Diamanten an verschiedene Pariser Juweliere. Als einer der Aufkäufer die Polizei alarmierte, hielt das Trio es jedoch für ratsam, die Sache jenseits des Ärmelkanals fortzusetzen. Monsieur de La Motte begab sich nach London, wo er den Großteil der Beute absetzte. Der Erlös belief sich auf sechshunderttausend Livres, ein Drittel des Schmuckwertes, aber nichtsdestoweniger eine enorme Summe, die er sogleich in englischen Obligationen anlegte.

Während Jeanne den Erfolg des Unternehmens mit einer wahnwitzigen Kauforgie feierte, begann sich Rohan ernstlich Sorgen zu machen. Warum trug die Königin das Collier nicht, das sie sich so gewünscht hatte? Warum zeigte sie ihm immer noch die kalte Schulter? Je näher der Juli kam, an dessen Ende die erste Rate fällig war, desto größer wurde seine Besorgnis. Marie Antoinette hatte ihm, wie stets durch Madame de La Motte, mitteilen lassen, dass sie letztendlich das Collier zu teuer finde und einen Preisnachlass verlange. So peinlich es ihm war, eine solche Bitte vorbringen zu müssen, überwand sich Rohan schließlich und hatte Erfolg: Die Juweliere gewährten ihm den Nachlass. Unmittelbar darauf musste er ihnen jedoch mitteilen, dass die Königin die erste Rate auf den Oktober verschieben wolle. Böhmer und Bessange waren verzweifelt, denn sie standen inzwischen kurz vor dem Bankrott, und so überwand sich der Kardinal ein weiteres Mal und bat, immer noch auf Anraten von Madame de La Motte, im Namen der Königin den ehrgeizigen, steinreichen Finanzier Baudard de Saint-James, die Summe vorzustrecken.

In diesen schwierigen Monaten fand der Kardinal immerhin Trost in der Freundschaft mit dem Grafen Cagliostro, den er auch sonst um Rat und Unterstützung bat. Die teuflische Comtesse hatte sich ihr Opfer zielsicher ausgewählt: Nicht von ungefähr hielten die meisten Zeitgenossen Rohan für einen Mann von »unfassbarer Leichtgläubigkeit«,[16] »er glaubte an alles, außer vielleicht an Gott, abergläubisch, leichtgläubig, schwärmerisch – ein Phantast«.[17]

Nun war Rohan freilich nicht der Einzige, der jenem Giuseppe Balsamo alias Graf Cagliostro blindes Vertrauen schenkte. Ganz Europa war gespalten in diejenigen, für die der Magier »the Quack of the Quacks«[18] war, der König der Scharlatane (oder, schlimmer noch, der Agent einer gefährlichen Freimaurerverschwörung mit dem Ziel, die etablierte Ordnung umzustürzen), und jenen, die ihn als höheres Wesen, als uneigennützigen Wohltäter der Menschheit verehrten. Zur zweiten Gruppe gehörten all jene, die am Vorabend der Aufklärung im Spiritismus, Mesmerismus und ganz allgemein bei den okkulten Wissenschaften Antworten suchten, die die Vernunft anscheinend nicht zu geben vermochte. Auch in Paris, wohin Cagliostro 1784 zurückgekehrt war, hatte er sofort Anhänger gewonnen; die von seiner Frau, der schönen jungen Serafina, begründete Loge nach ägyptischem Ritus zählte zahlreiche Damen der vornehmen Welt zu ihren Adepten.

Wie auch immer es um seine Talente als Medium bestellt war, der aufsehenerregende sizilianische Scharlatan, den Rohan viele Male zu der Korrespondenz mit der Königin, zu dem nächtlichen Rendezvous in Versailles und dem Kauf des Colliers befragt hatte,

hatte stets eine beruhigende Antwort gegeben und Seiner Eminenz eine glänzende Zukunft vorhergesagt. Warum auch hätte er einem so großzügigen Gönner widersprechen sollen, auf die Gefahr hin, sein Missfallen zu erregen? Aus demselben Grund hatte er es unterlassen, ihn vor Madame de La Motte zu warnen. Seit ihrer ersten Begegnung beim Kardinal hatten die beiden Abenteurer erkannt, mit wem sie es jeweils zu tun hatten, es aber vorgezogen, ihre gegenseitige Abneigung hinter einer ausgesprochen liebenswürdigen Maske zu verbergen und einen heftigen Zusammenstoß mit ungewissem Ausgang zu vermeiden. Auch deshalb blieb Cagliostro, trotz der wachsenden Unruhe des Kardinals und des sich immer deutlicher abzeichnenden gigantischen Betrugs, bei seiner Taktik: Jede spiritistische Sitzung bestärkte Rohan in der Überzeugung, dass alles bestens vonstattenging.

Doch Ende Juli wurde die Lage noch besorgniserregender. Saint-James hatte sich zunächst bereit erklärt, siebenhunderttausend Livres als erste Rate vorzustrecken, doch dann machte er am Tag vor dem Fälligkeitsdatum einen Rückzieher und fragte den Kardinal, ob er nicht vielleicht in eine Falle gegangen sei. Zur selben Zeit gelangte ein schriftliches Dokument der Königin in Rohans Hände, und er entdeckte, dass die Unterschrift erheblich von derjenigen unter dem Kaufvertrag für das Collier abwich. Als er Jeanne aufforderte, sich zu rechtfertigen, gelang es ihr erneut, ihn von ihrer Aufrichtigkeit zu überzeugen durch die Übergabe eines kleinen Vorschusses von dreißigtausend Livres, »von Seiten der Königin«, die in Wirklichkeit aus dem Verkauf der Diamanten stammten. Warum aber forderten die Juweliere nicht länger, was ihnen zustand, und begannen stattdessen anzudeuten, dass hier jemand zum Narren gehalten wurde? Warum verzichtete selbst Cagliostro nach all seinen beruhigenden Worten auf seine schwärmerischen Vorhersagen und forderte den Kardinal jetzt auf, sich dem König zu Füßen zu werfen und ihn darüber zu unterrichten, was vorgefallen war? Wenn Rohan keine Erklärungen dafür fand, lag das nicht nur an der Geistesverwirrung, in der er sich befand, sondern auch daran, dass es Menschen gab, die ihn vorsätzlich in Unkenntnis halten wollten. Ein neues, noch furchtbareres Komplott bedrohte nun seine Ehre und sein Leben. Nach all den vielen Täuschungsmanövern war die echte Marie Antoinette schließlich auf den Plan getreten und bereitete ihre Rache vor.

Am 3. August ließ Jeanne, der klar war, dass die Sache kurz vor der Entdeckung stand, die Juweliere kommen und teilte ihnen mit – einer jener Geniestreiche, mit denen sie sich auch sonst aus der Verlegenheit half –, sie habe herausgefunden, dass Rohan Opfer eines Betrugs geworden und die Unterschrift der Königin gefälscht sei. Dabei ließ sie durchblicken, dass sie sich in jedem Fall an Rohan, der ja unermesslich reich sei, wenden konnten, um entschädigt zu werden. Madame de La Motte war sich sicher, dass Seine Eminenz zur Vermeidung eines Skandals sich damit abfinden würde, die Gesamtsumme zu bezahlen, für die er gebürgt hatte. Als Nächstes stürzte sie zu Rohan und behauptete unter Tränen, Marie Antoinette habe eine entsetzliche Kehrtwendung vollzogen: nicht nur, dass sie das Collier keinesfalls zu bezahlen gedenke, sie habe ihr auch den Laufpass gegeben und dabei finstere Drohungen ausgestoßen. Zum Beweis ihrer Aufrichtigkeit trieb sie die Kühnheit auf die Spitze: Sie vertraute ihm an, sie fürchte um ihr Leben, und bat ihn, sie und ihren Mann für eine Nacht zu beherbergen, bis sie Paris verlassen und in der Provinz Zuflucht finden könnten. Tatsächlich brach das Ehepaar La Motte am 6. August in aller Eile nach Bar-sur-Aube auf, jedoch nicht wie Flüchtlinge, sondern in einer prachtvollen Karosse an der Spitze eines endlosen Konvois. Er transportierte die

Möbel und den sonstigen Hausrat, den die Comtesse in den Monaten zuvor gekauft hatte, um das Palais einzurichten, das das Paar vor kurzem in der Kleinstadt gekauft hatte. Dies war die triumphale Rückkehr an den mythischen Ort ihrer Herkunft, die Jeanne für die erlittenen Demütigungen und Leiden entschädigen und es ihr ermöglichen sollte, endlich ein neues Kapitel aufzuschlagen und das Leben zu führen, das ihrer Abstammung würdig war. Noch wusste sie nicht, dass das neue Leben keine drei Wochen dauern sollte.

Anders nämlich, als sie es geplant hatte, wandten sich die Juweliere nicht an den Kardinal, sondern begaben sich direkt zur Königin, berichteten ihr von dem Vorgang und zeigten ihr die Kopie des Vertrags. Marie Antoinette war außer sich vor Empörung: Dies war ein ungeheuerlicher Betrug, der sie schwer zu kompromittieren drohte, und umso gravierender, als er die verleumderischen Gerüchte über ihre wahnsinnigen Ausgaben für Schmuck und über ihr leichtfertiges Betragen zu bestätigen schien. Überzeugt, der Kardinal habe sich ihres Namens bedient, um das Collier zu stehlen und durch den Verkauf der Diamanten seine bekanntlich hohen Schulden zu begleichen, fragte sie den Hofmarschall um Rat. Und dieser ermahnte sie ganz bestimmt nicht zur Vorsicht: Wegen einer alten Rivalität, die auf die Zeit zurückging, als er gemeinsam mit Rohan an der Gesandtschaft in Wien gewesen war, hasste der Baron von Breteuil den Kardinal mindestens ebenso sehr, wie ihn die Königin hasste. Anstatt herauszufinden, welche Rolle Rohan tatsächlich in der Affäre gespielt hatte, wollte er mit allen Mitteln dessen Schuld nachweisen. Zunächst überredete er Marie Antoinette, ihren Gemahl nicht zu unterrichten und zu warten, bis Rohan aus der Deckung käme, um ihn dann öffentlich anzuklagen. Daraufhin verpflichtete er Böhmer und Bessange, dem Kardinal nichts von ihrem Treffen mit der Königin zu sagen und von ihm nicht das Geld für die erste

Tranche zu verlangen; er diktierte ihnen einen Schriftsatz über den Verkauf des Colliers, in dem sie erklärten, Rohan habe bestätigt, im direkten Auftrag der Königin zu handeln. Schließlich forderte er Saint-James auf, seine Kreditzusage zu widerrufen, wodurch Rohan jede Zahlungsmöglichkeit genommen wurde, und ließ ihn eine den Kardinal kompromittierende Erklärung unterschreiben.

Erst in Kenntnis gesetzt, als die Sache besprochen war – wahrscheinlich nicht vor dem 12. August –, und unter dem Eindruck der Empörung seiner Gemahlin, ließ sich Ludwig von der Schuld des Kardinals und der Notwendigkeit überzeugen, ihn wie einen gewöhnlichen Delinquenten festnehmen zu lassen, um die Königin vor Verleumdungen zu schützen. So kam es, dass der Herrscher an Mariä Himmelfahrt Rohan in Gegenwart Marie Antoinettes, Breteuils und des Kanzlers vorlud, ihm den Schriftsatz Böhmers vorlegte und ihn aufforderte, sich zu rechtfertigen. Der Kardinal musste zugeben, dass der Text der Wahrheit entsprach und dass er ganz offensichtlich Opfer eines Betrugs geworden war. Angesichts seiner Verwirrung gestattete ihm der König, sich in ein Nebenzimmer zurückzuziehen, um seine Verteidigung schriftlich zu formulieren; danach wurde das Verhör fortgesetzt. Rohan erklärte, er habe, um die Gunst der Königin zu erlangen, das Collier auf Anraten von Madame de La Motte gekauft, habe ihr den Schmuck übergeben und wisse nicht, wo sich die Comtesse gegenwärtig aufhalte. Marie Antoinette, die sich bis dahin nicht eingemischt hatte, fragte ihn in verächtlichem Ton, wie er glauben könne, die Königin hätte einen solchen Auftrag einer Person übertragen, an die sie seit acht Jahren kein Wort gerichtet habe. Nicht einmal das, was sich in diesem Moment abspielte, konnte Rohan die Augen öffnen, er glaubte immer noch an die Echtheit seines galanten Abenteuers mit der Königin, und im Glauben, sie würde ihm nun in den Rücken fallen, warf er ihr einen vorwurfsvollen, betrübten Blick zu. Marie Antoinette errötete, und der König, der ihre Verwirrung bemerkte, entließ den Kardinal und kündigte ihm an, er werde »seine Pflicht als König und Gemahl« erfüllen. Die Absicht war ausgezeichnet, doch die gewählte Strategie war miserabel. Drei Jahrzehnte später schrieb der Baron von Frénilly, ein treuer Anhänger der Monarchie: »Anstatt zwei wichtige Personen, die Königin von Frankreich und den Großalmosenier, zu schützen und in ein unantastbares Heiligtum einzuschließen, anstatt die Diamanten in England beschlagnahmen zu lassen, die beiden Gaunerinnen ins Kloster zu stecken und den Kardinal in die geringste seiner Abteien zu verbannen, sperrte der unbesonnene und beschränkte Ludwig XVI. Rohan in die Bastille ein und übergab die Angelegenheit dem Gericht. Das war die Lunte am Pulverfass, und das Fass explodierte mit entsetzlichem Getöse.«[19]

24, 30 mars, 1er 3, 4, 5, 6, 7, 8, et 12 avril et le 12 May 1786.

Minute des Confrontations des accusés à la Dame De la Motte.

24 mars 1786 et jours suivans.

Confrontations des accusés a jeanne de valois de saint remy de luz epouse de marc antoine nicolas de lamotte accusée faittes par nous charles pierre dupuis de marcé conseiller du roy en sa cour de grand chambre du parlement commissaire en cette partie a la requeste du procureur general du roy suivant et en execution des lettres pattentes du roy données a saint cloud le cinq septembre dernier registrées en la cour le six du meme mois de celles données a versailles le vingt six decembre dernier registrées en la cour le dix janvier de la presente année et des arrets rendus en la cour les dix janvier et dix sept fevrier mil sept cent quatre vingt six

Du vendredy vingt quatrieme jour de mars mil sept cent quatre vingt six du matin en l'une des salles du gouvernement du chateau de la bastille

a eté amenée pardevant nous par le sr de losme major adjoint du chateau de la bastille la de de lamotte accusée a laquelle avons confronté marie nicole leguay d'oliva ou designy aussy accusée pour ce amenée pardevant nous sur son interrogatoire subis devant eux [?] le dix neuf janvier dernier recolé sur y celuy pardevant nous le six de ce mois

apres serment par elles respectivement faits en presence l'une de l'autre de dire verité et interpellées de declarer si elles se connoissent ont dit se connoistre

ce fait avons a la de de lamotte fait faire lecture des premiers articles de l'interrogatoire et recolement de la fille d'oliva avant de l'ordre et interpellé la de de lamotte de fournir sur le champ de reproches contre la fille d'oliva si aucuns elle a sinon quelle n'y sera plus recue apres que lecture luy aura eté faitte des interrogatoire et recolement de la fille d'oliva en leur entier suivant l'ordre

la de de lamotte a dit quelle s'en refere aux reproches quelle a faitte a la fille d'oliva lors quelle luy a eté confrontée sur sa deposition

La fille d'oliva a dit quelle s'en refere pareillement a ce quelle a repondu aux reproches de la de de lamotte quelle luy a faitte lors quelle luy a eté confrontée sur sa deposition

ce fait avons a la de de lamotte fait faire lecture des interrogatoire et recolement de la fille d'oliva en leur entier suivant l'ordre

interrogée de ce interpellée a dit ses reponses portées en son interrogatoire contenir verité y a persisté et que ceux de la de de lamotte y presente dont elle a entendu parler par icelles a laquelle elle les soutient sinceres et veritables sinon quelle croit devoir observer que la de de lamotte dans l'endroit de son interrogatoire ou elle dit que la de de lamotte n'est montée qu'une fois chez elle elle entend dire quelle n'est montée qu'une seule fois chez elle rue neuve st augustin mais quelle etoit venue la voir plusieurs fois rue du jour s'en refere d'ailleurs aux remarques quelle a faitte lors quelle a eté confrontée a la de de lamotte sur sa deposition

par l'accusée a eté dit quelle s'en refere absolument aux observations quelle a faitte lors que la fille d'oliva luy a eté confrontée comme temoin

Lecture a elles faittes de la presente confrontation elles y ont chacune a leur egard persisté et signé approuvé quatre mots rayés comme nuls

Dupuis.

leguay d'oliva Clle de valois de lamotte

Du jeudy trente mars mil sept cent quatre vingt six de relevé en l'une des salles du gouvernement du chateau de la bastille

a eté amené pardevant nous par le sr de losme major adjoint du chateau de la bastille la de de lamotte accusée a laquelle avons confronté alexandre cagliostro aussy accusé pour ce amené pardevant nous sur son interrogatoire subis devant eux [?] le trente janvier dernier recolé sur iceluy pardevant nous le six de ce mois

apres serment par eux respectivement faits en presence l'un de l'autre de dire verité et interpellés de declarer s'ils se connoissent ont dit se connoistre

ce fait avons a la de de lamotte fait faire lecture des interrogatoire et recolement de cagliostro avant de l'ordre et interpellé la de de lamotte de fournir sur le champ de reproches contre cagliostro si aucuns elle a

Dupuis.

Le Comte de Cagliostro

Clle de valois de lamotte

Premier.

103

DER PROZESS

Es war Rohan selbst, der verlangt hatte, vor dem *Parlement*, dem Gerichtshof von Paris, zu erscheinen. Um dem Vorwurf des Despotismus vorzubeugen, hatte ihm der König die Wahl gelassen, entweder an seine Gnade zu appellieren oder aber sich einem regulären Prozess zu stellen. Im ersten Fall würde der Kardinal die Demütigung durch ein Gerichtsverfahren vermeiden und sich gänzlich der Entscheidung des Herrschers unterwerfen, würde jedoch für immer auf den öffentlichen Beweis seiner Unschuld verzichten. Im zweiten Fall würde er sich vor Gericht für die gegen ihn erhobenen Anschuldigungen verantworten müssen: die Anklage wegen Betrugs und die weit schwerer wiegende wegen Majestätsbeleidigung, nämlich Fälschung der Unterschrift der Königin. Er konnte freilich hoffen, die Wahrheit ans Licht zu bringen, aber falls er die Richter nicht zu überzeugen vermochte und für schuldig befunden würde, riskierte er unweigerlich eine schonungslose Verurteilung, höchstwahrscheinlich die Todesstrafe. Seine Verwandten und die zu Rate gezogenen Anwälte hatten ihn aufgefordert, sich der Gerechtigkeit des Königs anzuvertrauen; doch sie hatten ihn nicht umstimmen können. Rohan, »durchdrungen vom Gefühl seiner Unschuld und immer noch überzeugt, allein auf Geheiß der Königin gehandelt zu haben«,[20] konnte sich keinesfalls damit abfinden, als gewöhnlicher Betrüger zu gelten: Er spielte also die riskanteste Karte aus, um so seine Ehre zu verteidigen. Diese mutige Geste wurde zu seiner Rettung.

Rohans unerwartete Entscheidung versetzte Ludwig XVI. in eine Position der Schwäche. Als oberster Richter wollte der König nicht als Geschädigter auftreten, denn das hätte bedeutet, »sich öffentlich vor einem Tribunal zur Schau zu stellen, dessen Gesetzgeber und Souverän er selbst war«.[21] Durch Patentbriefe betraute er die Große Kammer und die *Tournelles* – die Strafkammer – mit dem Ermittlungsverfahren und beauftragte damit den Staatsanwalt, den Kardinal und seine Komplizin Madame de La Motte anzuklagen, durch ihr verbrecherisches Verhalten einen Anschlag auf die Würde der Königin verübt zu haben. Damit übertrug der König jedoch auf Untergebene die Aufgabe, seine eigene Ehre zu verteidigen. Indem er Rohan dem Gericht überantwortete, rief er überdies die Empörung des gesamten französischen Episkopats hervor und zog den Bannstrahl von Papst Pius VI. auf sich, der prompt das Recht einforderte, Rohan vor ein Kirchengericht zu stellen.

Der König hatte keinerlei Grund, daran zu zweifeln, dass die Richter seinem Gesuch nachkommen würden. Omer Joly de Fleury, der Generalstaatsanwalt, und Étienne-François d'Aligre, der erste Präsident der Großen Kammer, unterstanden den Direktiven der Staatsmacht, und das von Ludwig XV. 1771 aufgelöste und dank seines Enkels neu konstituierte *Parlement* bezeigte allergrößte Hochachtung gegenüber dem neuen Herrscher.

So war die Lage für Rohan zunächst höchst ungünstig: Da er unmittelbar vor seiner Verhaftung alle angeblich von Marie Antoinette stammenden Briefe aus Feingefühl hatte vernichten lassen und somit nicht mehr den geringsten Beweis für die Richtigkeit seiner Aussagen besaß, konnte er nur hoffen, die Wahrheit durch eine direkte Gegenüberstellung mit Madame de La Motte ans Licht zu bringen. Traf man vielleicht die Entscheidung, Jeanne zu verhaften, erst am 18. August, als die Meldung von der Inhaftierung des Kardinals sie in Bar-sur-Aube erreichte, weil man ihm diese Chance nehmen wollte? Glaubt man Beugnot, der sich bei ihr befand, hätte die Comtesse leicht nach England entkommen können, doch sie war sich ihrer Sache allzu sicher und begnügte sich auf Anraten ihres alten Freundes damit, alle in ihrem Besitz befindlichen Dokumente zu verbrennen. Der Comte de La Motte dagegen entfloh über den Ärmelkanal: Aus unerfindlichen Gründen wurde der Haftbefehl erst zwei Tage nach dem gegen seine Frau ergangenen ausgestellt. Auch Rétaux de Villette und Mademoiselle Leguay, alias Baronin d'Oliva, gelang die Flucht ins Ausland.

Als Jeanne zu ihren Machenschaften aussagen sollte, wurde sie ganz der Rolle gerecht, die sie sich auf den Leib geschneidert hatte. Vom ersten Verhör an trug sie größte Gelassenheit und die Manieren einer Aristokratin zur Schau; sie stritt nicht nur jegliche Verantwortung ab, sondern entwickelte eine brillante Verteidigungsstrategie. Sämtliche Anschuldigungen Rohans waren falsch: Sie war der Königin nie begegnet; zwar war sie über den Kauf des Colliers durch den Kardinal unterrichtet, hatte aber nicht das Geringste damit zu tun, und erst recht nicht war ihr der Schmuck anvertraut worden. Ja, es stimmte, Seine Eminenz hatte sich an sie und ihren Mann gewandt, um Diamanten aus dem Familienbesitz veräußern zu lassen, und diesem Auftrag war der Graf in London nachgekommen. Um mehr darüber in Erfahrung zu bringen, empfahl Jeanne, im Zweifelsfall Cagliostro zu befragen, mit dem der Kardinal mysteriöse Beziehungen unterhalte. Und da der diabolische Ruf des italienischen Abenteurers die schlimmsten Verdächtigungen erlaubte, landeten auch der Magier und seine schöne Gattin umgehend in der Bastille.

Den höchst plausiblen Lügen Madame de La Mottes konnte Rohan nur die Einzelheiten einer unwahrscheinlichen Geschichte entgegensetzen, die allein seine unsägliche Leichtgläubigkeit ermöglicht hatte. Und angesichts der widersprüchlichen Zeugenaussagen hatten Titon de Villotran und Dupuis de Marcé, die beiden ermittelnden Richter, die Anweisung erhalten, eher der skrupellosen Abenteurerin als dem Kirchenfürsten Gehör zu schenken.

Was den Kardinal zunächst vor einer sich als unausweichlich abzeichnenden Katastrophe rettete, war in erster Linie die Beharrlichkeit seines Straßburger Vikars Abbé Georgel, der ihm seit über zwanzig Jahren als »*jesuit nursing-mother*«,[22] als jesuitische Amme, zur Seite stand. Er war Rohans Berater, verwaltete seine Diözesen und führte seine Geschäfte. Bis Cagliostro und Madame de La Motte auf den Plan traten, hatte der Kardinal keine Geheimnisse vor ihm gehabt. Nachdem er den Fürsten vergeblich vor den beiden Hasardeuren gewarnt hatte, hatte Georgel es vorgezogen, im Hintergrund zu bleiben, von der ganzen Halsbandgeschichte wusste er nichts. Aber Rohan, der vielleicht ahnte, dass ihm die Zukunft noch allerhand Überraschungen bereithielt, hatte immerhin genug klaren Verstand behalten, um dem Vikar sowohl in kirchlichen wie in Vermögensfragen vollständig freie Hand zu lassen. So wurde der Abbé, in den die Familie Rohan volles Vertrauen setzte, mit der Unterstützung der Verteidiger betraut.

Zwei Anklagen schwebten bedrohlich über Rohan, die eine wegen Betrugs, die andere wegen Majestätsbeleidigung, und so begann Georgel, auf zwei Ebenen zu operieren. Um den ersten Anklagepunkt abzuwehren, verhandelte er umgehend mit den Juwelieren und verpflichtete sich im Namen Rohans, die für das Collier vereinbarte Summe zu entrichten; als Garantie für die kommenden Jahre bot er die Einkünfte aus den zahlreichen Kirchenpfründen des Kardinals an. Um den zweiten Anklagepunkt zurückzuweisen, machte er sich auf die Suche nach den Komplizen von Madame de La Motte, deren Existenz die ermittelnden Richter beharrlich ignorierten. Mit

Hilfe privater Ermittler und einer Abbildung des Colliers machte Georgel die Londoner Juweliere ausfindig, die die schönsten Steine gekauft hatten, und übermittelte den Richtern deren schriftliche Erklärungen, in denen sie den Grafen de La Motte als Verkäufer bezeichneten. Dieser wurde jedoch trotz der Bemühungen des Außenministers Comte de Vergennes nicht festgenommen. Seit Beginn der Halsbandaffäre war nämlich ein geheimer Krieg ausgebrochen zwischen der »Partei des Königs« und der »Partei der Königin«. Vergennes, der Marie Antoinette verabscheute und Ludwig XVI. darin bestärkte, eine Österreich feindliche Politik zu betreiben, setzte sich offen für die Sache des Kardinals ein, unterstützt von Calonne, dem Obersten Finanzinspektor; dagegen nutzte Baron de Breteuil den Groll der Königin und setzte alle Hebel in Bewegung, um die Schuld Rohans nachzuweisen. In beiden Lagern waren jedenfalls die persönlichen Ambitionen und Feindschaften wichtiger als die Interessen von Regierung und Krone.

Vergennes übte dagegen entscheidenden Druck auf die ermittelnden Instanzen aus und erreichte im Oktober 1784 die Auslieferung und Verhaftung von Mademoiselle Leguay, die nach Belgien geflüchtet war, und im März des folgenden Jahres die von Rétaux de Villette, der sich in Genf versteckt hatte. Die Verhaftungen waren ein Glück für Rohan, denn durch die Geständnisse von Jeannes Komplizen änderte sich seine Lage grundlegend.

Die Aussage eines gewissen Pater Loth, eines Minoritenbruders, der regelmäßig im Haus von Madame de La Motte verkehrte und den sie – *noblesse oblige* – zu ihrem Hauskaplan gemacht hatte, erhellte die Rolle, die die beiden in der Intrige gespielt hatten. Der unermüdliche Georgel hatte den Pater ausfindig gemacht, und dieser hatte schließlich zugegeben, alle Einzelheiten des »Verführungsplans«[23] zu kennen, mit dem sich die »Teufelin« das Vertrauen des

Kardinals erschlichen hatte. Schriftlich abgefasst und vorschriftsmäßig unterzeichnet, wurde das Geständnis den Untersuchungsrichtern übermittelt, die es zu den Akten nehmen mussten. Die Anwälte Seiner Eminenz nutzten es ihrerseits als »Grundlage für die Verteidigung des Kardinals«.[24] Nur über die gefälschte Korrespondenz mit der Königin sollte kein Wort verloren werden, denn das hätte automatisch eine Verurteilung wegen Majestätsbeleidigung zur Folge gehabt. Im Übrigen waren alle Spuren verwischt, hatte doch Rohan sämtliche Schreiben der Königin vernichtet und die Comtesse die des Kardinals – so jedenfalls laut Aussage von Pater Loth.

Trotz der zahlreichen neuen Sachverhalte, die zugunsten des Kardinals aufgetaucht waren, betrachteten die Untersuchungsrichter weiterhin, in Übereinstimmung mit den Patentbriefen des Königs, den Fürsten als den wahren Schuldigen und sahen in Jeanne nur eine unbedeutende Randfigur. Folglich ordnete das *Parlement* von Paris am 15. Dezember 1785 die *prise de corps* – die Verhaftung durch Richterspruch – des Kardinals, Madame de La Mottes und des Ehepaars Cagliostro an. Bis dahin hatte Rohan der »Justiz des Königs« unterstanden: In die Bastille geschickt durch eine einfache *lettre de cachet* – einen vom Souverän unterzeichneten Befehl, Symbol par excellence für die Willkür des Königs –, konnte sich Seine Eminenz als Gast Ludwigs XVI. in der für Staatsgefangene bestimmten Festung betrachten, wo er mit der seinem hohen Rang gebührenden Achtung behandelt wurde. Nach der Verhaftung verschlimmerte sich seine Lage dramatisch; er war nun den anderen Angeklagten gleichgestellt und der brutalen Behandlung für gewöhnliche Strafgefangene unterworfen: Einzelzelle, Isolierung, kein Kontakt mit Angehörigen und Anwälten. Auch wenn der König, trotz der veränderten rechtlichen Situation, die Angeklagten weiterhin in der Bastille beließ, war dies kein Grund zur Freude, denn die Botschaft war klar: Ludwig XVI., von der Schuld Rohans überzeugt, gedachte, über seine Person bis zum Richterspruch zu verfügen.

Nach Abschluss der ersten Phase des Prozesses, also der »Vorermittlung«, begann am 11. Januar die zweite Phase, die »Abschlussermittlung«. Die Zeugen mussten ihre Aussagen rechtskräftig bestätigen und wurden den Angeklagten gegenübergestellt. Die Wiederaufnahme der Verhöre zog sich über vier Monate hin. Die Protokolle sind überliefert und erlauben, den Ablauf des unglaublichen Schauspiels, das sich den Richtern bot, Schritt für Schritt nachzuvollziehen. Nicht einmal Beaumarchais hätte sich eine solche rasante Abfolge von Theatercoups und eine solche Vielfalt von Figuren ausdenken können.

Zunächst wurde die angebliche Baronin d'Oliva befragt: Das schöne, schüchterne Straßenmädchen spielte perfekt die Rolle des naiven, von skrupellosen Menschen getäuschten Unschuldslamms und gewann alsbald die Sympathie der Richter. Als Krönung ihres Auftritts erschien sie zu spät zum letzten Verhör: Sie musste ihr im Gefängnis geborenes Kind stillen.

Gleich nach ihr kam die Reihe an Rohan: Er trat in kirchlicher Robe und roter Kalotte vor die Richter, sichtlich gezeichnet von dem, was er durchgemacht hatte, gleichsam die Verkörperung der gedemütigten Würde. Er erzählte in allen Einzelheiten die bizarre Intrige, deren Opfer er geworden war, und antwortete auch auf die hinterhältigsten Fragen mit höflicher Schicksalsergebenheit. Als die Richter wissen wollten, welcher Art seine Beziehungen zu der Comtesse gewesen seien (sie hatte erklärt, sie sei seine Mätresse gewesen), verstand er es, sich hinter einer eleganten und diskreten Zurückhaltung zu verschanzen, und begründete seine aberwitzige Leichtgläubigkeit mit einem schmerzlichen Geständnis, das die

Richter überzeugte: »Ich war vollkommen verblendet durch meinen grenzenlosen Wunsch, die Gunst der Königin wiederzugewinnen.«[25]

Danach war die Reihe an Madame de La Motte, die ihr ganzes schauspielerisches Talent vorführte und je nachdem das virtuose, das pathetische oder das tragische Register zog. Ohne auch nur im Geringsten von ihrer Verteidigungsstrategie abzuweichen, begann sie, mit ruhiger Selbstsicherheit jegliche Bezichtigung von sich zu weisen, und begegnete den Einwänden der Richter mit einer ganzen Palette von Lügen, die sie mit unerschöpflicher Phantasie eine nach der anderen erfand. Sie ließ sich auf der *selette* nieder, dem Holzschemel, auf den sich die Angeklagten beim Verhör setzen mussten, als handle es sich um den allerbequemsten Sessel, richtete anmutig den Faltenwurf ihres Kleides und setzte ihre ganzen Verführungskünste ein. Als sich freilich bei der Gegenüberstellung mit den anderen Angeklagten die Ungeheuerlichkeit ihres Betrugs allmählich offenbarte, verwandelte sie sich: Statt mit mondäner Brillanz vorgetragene Einlassungen bekamen die Richter nun immer wütender vorgetragene Unterstellungen zu hören, sarkastische Äußerungen, Drohungen, bis hin zu ordinärsten Beleidigungen. Jeanne wälzte sich in hysterischen Anfällen auf dem Boden und griff schließlich alle Umstehenden an, die ihr zu nahe kamen. Dann wechselte sie plötzlich wieder das Register, pochte mit der Klarheit und Eloquenz der Hochstaplerin auf ihre königliche Abstammung, erklärte sich zum Opfer eines fürchterlichen Komplotts und schleuderte dunkle Anschuldigungen gegen Hof, Minister und Königin. Am Ende des Prozesses deutete sie gar eine Liaison zwischen dem Kardinal und Marie Antoinette an. Doch nach dem vollen Geständnis Rétaux de Villettes und seiner dramatischen Gegenüberstellung mit der Oliva, in deren Verlauf die Comtesse zugeben musste, die Szene im Park eingefädelt zu haben, zweifelte niemand mehr an ihrer Schuld.

Auch Cagliostro erwies sich seines Rufs als Scharlatan würdig. Das erste Verhör dauerte nicht lang, und er beschränkte sich darauf, die Fragen der Richter kurz und bündig zu beantworten. Es stellte sich sofort heraus, dass er an dem Betrug nicht beteiligt gewesen sein konnte, war er doch zu der Zeit, als das Collier verkauft wurde, gar nicht in Paris gewesen. Seine abschließende Aussage war freilich sehr erheiternd: Bekleidet mit einem goldbestickten grünen Taftrock, bezeichnete sich der Magier als »edlen Reisenden« und erklärte, wobei er mit den zahllosen Tressen, die von seinen Schultern baumelten, theatralisch wedelte: »Ich gehöre keiner Epoche und keinem Ort an: Jenseits von Zeit und Raum lebt mein geistiges Wesen seine ewige Existenz, und wenn ich in Gedanken versinke und den Lauf der Zeiten zurückverfolge, wenn ich meinen Geist auf eine Existenzform ausdehne, gänzlich anders als die, welche Sie wahrnehmen, so werde ich zu dem, der ich zu sein wünsche.«[26] Am Ende seines Auftritts mussten sich die Richter zusammennehmen, um nicht zu applaudieren.

DAS URTEIL

Dass dieses aufsehenerregende Schauspiel den Richtern vorbehalten war, hinderte ganz Europa nicht, die Hintergründe des Prozesses bis in alle Einzelheiten zu verfolgen.

Im Frankreich des Ancien Régime vollzogen sich die Prozesse hinter verschlossener Tür. Kläger und Angeklagter hatten zwar die Möglichkeit, sich von Anwälten unterstützen zu lassen, erschienen jedoch im Allgemeinen allein vor Gericht. Die Anwälte schalteten sich im Wesentlichen von außerhalb des Gerichtssaals ein, indem sie Schriftsätze verfassten, die sie den Richtern im Namen ihrer Mandanten vorlegten. Diese *factums* oder *mémoires* konnten auch veröffentlicht werden, eine Praxis, die sich seit 1771 weit verbreitet hatte, auch weil die Probleme, die die Autonomie der Gerichte und ihre Rolle als Garanten der fundamentalen Gesetze des Königreichs gegen die Willkürherrschaft des Absolutismus betrafen, die Öffentlichkeit leidenschaftlich interessierten. Nach und nach setzte sich das Tribunal als zentraler Ort für Debatte und Propaganda durch. Mit der Veröffentlichung ihrer *mémoires* hofften die Anwälte zudem, die öffentliche Meinung zugunsten ihrer Mandanten und damit auch die Richter zu beeinflussen, die auf Unterstützung angewiesen waren in ihrem Kampf gegen die Autorität des Königs und das Gewicht dieser Art von öffentlicher Meinung nicht ignorieren konnten. Niemals aber waren vor der Halsbandaffäre so viele Berichte über einen Prozess so rasch zu einem so breiten Publikum gelangt und hatten es bis zum Schluss derart in Atem gehalten.

Man nimmt an, dass mindestens hunderttausend Leser den Prozessverlauf während der neun Monate von der Verhaftung des Kardinals bis zum Urteilsspruch (vom 15. August 1785 bis zum 32. Mai 1786) verfolgten. Unter den im Ausland (also nicht der Zensur unterworfenen) erscheinenden französischen Zeitungen hatte allein die *Gazette de Leyde* viertausendzweihundert Abonnenten in ganz Europa.

Doch es waren die Schriftsätze der Anwälte, die zu einem regelrechten öffentlichen Parallelprozess neben dem Verfahren hinter verschlossenen Türen führten. Aus den Ereignissen um 1770, den Auseinandersetzungen zwischen Juristen und der Krone um die Befugnisse des *Parlement*, hatten die Anwälte gelernt, den Ansprüchen Nichteingeweihter auf Verständlichkeit Rechnung zu tragen, und daher eine ganz neue, stark vom Theater beeinflusste Rhetorik entwickelt, deren außerordentliche Wirkung sich nun zeigte. Alle in der Halsbandaffäre tätigen Anwälte der Verteidigung standen, mit Ausnahme von Doillot, Verteidiger von Madame de La Motte, mit der Welt des Gerichts in Verbindung (sie alle sollten später für die Revolution Partei ergreifen), und in ihren Schriftsätzen prangerten sie, ohne politische Anspielungen im engeren Sinne zu machen, implizit die Korruptheit der Gesellschaft des Ancien Régime an.

Bei Erscheinen jeder neuen Broschüre wurden die Buchhandlungen gestürmt: Von dem *mémoire* Madame de La Mottes wurden viertausend Exemplare verkauft, von Cagliostros Schrift zehntausend; die Verteidigungsschrift von Marie-Nicole Leguay, alias Baronin d'Oliva, erreichte die Rekordzahl von zwanzigtausend Exemplaren. Rohans Denkschrift, die wenige Tage vor der Urteilsverkündung in drei gleichzeitig erschienenen Gratisausgaben im Hof des Hôtel de Soubise verteilt wurde, löste einen solchen Ansturm aus, dass die berittene Garde eingreifen musste.

Die Anwälte durften sich zwar nicht zu allzu kühnen Mutmaßungen hinreißen lassen, die sie selbst sowie ihre Mandanten mit dem Gesetz in Konflikt gebracht hätten, doch kamen immer mehr heimlich gedruckte Texte in Umlauf – Flugblätter, Satiren, falsche *mémoires*, anstößige Chroniken –, die auf nichts Rücksicht nehmen mussten und die Zahl ihrer Leser massiv in die Höhe trieben, indem sie deren trivialste Vorlieben bedienten und ungeniert Menschen und Institutionen in den Schmutz zogen.

Zunächst war die Stimmung der Öffentlichkeit eher ungünstig für den Kardinal. Trotz seines mittelmäßigen Rufs ging Maître Doillot im November 1785 mit einer Denkschrift in die Offensive, die ungeheuer Furore machte: Der alte Advokat, den Jeanne de La Motte natürlich zu verführen und von ihrer Unschuld zu überzeugen vermocht hatte, wuchs über sich hinaus mit einer leidenschaftlichen Verteidigung der schönen Nachfahrin der Valois, Opfer eines widrigen Schicksals und schlimmer Verleumdungen, wodurch die Comtesse zahlreiche Anhänger gewann. Neue *mémoires* korrigierten allerdings diesen ersten Eindruck. Auch das Plädoyer des jungen Anwalts Jean Blondel für Mademoiselle d'Oliva war von der Liebe inspiriert und wurde als ein kleines Meisterwerk an Klarheit, Anmut und Überzeugungskraft begrüßt. Cagliostro stand dem nicht nach und diktierte seinem Anwalt eine unwiderstehlich witzige und ziemlich respektlose Einlassung.

Mit Rohans Verteidigung war ein Quartett betraut worden, angeführt von Jean-Baptiste Target, der als bester Anwalt Frankreichs galt, als Einziger Mitglied der Académie Française. Seine Aufgabe, an sich schon heikel genug, wurde noch schwieriger wegen der außerordentlichen Maßnahmen, die gegen Rohan ergriffen worden waren. Nach seiner Verhaftung wurde der Kardinal in Einzelhaft verlegt und konnte nur dank eines Schachzugs, den sich der gerissene Abbé Georgel ausgedacht hatte, heimlich mit seinen Verteidigern Verbindung halten und von ihnen Anweisungen erhalten. Breteuil merkte es zu spät und rächte sich, indem er Georgel des Landes verwies. Target wurde untersagt, seine Denkschrift gleichzeitig mit den anderen zu veröffentlichen, aus Furcht vor möglichen Auswirkungen auf die öffentliche Meinung. Seine Verteidigungsschrift erschien erst, nachdem das Urteil ergangen war, und nach einhelliger Meinung war sie nüchtern, eloquent, präzise und scharfsinnig.

Es gab aber noch einen anderen Aspekt der Affäre, der allergrößte Vorsicht gebot: Ging man davon aus, Rohan habe im guten Glauben gehandelt, so bedeutete schon die Tatsache, er habe annehmen können, Anordnungen dieser Art stammten von der Königin, dass er unausgesprochen an der Tugend der Königin zweifelte. Aber in jenem Frühjahr 1786 waren immer weniger Franzosen bereit, an die moralische Integrität Marie Antoinettes zu glauben, und immer mehr sahen in ihr die geheime Urheberin dieser ganzen Inszenierung.

Wenn nun die öffentliche Meinung trotz der skandalösen Enthüllungen über Rohan rasch für ihn Partei ergriff, so geschah dies, weil sich allgemein die Überzeugung durchsetzte, dieser eitle, verantwortungslose und korrumpierte Kirchenfürst sei ein exemplarisches Opfer königlicher Willkür geworden. Die ungerechten Maßnahmen gegen seine Person, die Manipulation der Zeugenaussagen, der vom König auf die Minister und die Richter ausgeübte Druck, all das hatte zur Folge, dass sich die »Opposition des Adels, die sich im Verlauf des ganzen Jahrhunderts entwickelt hatte, konkretisierte; schlimmer noch, dass es jetzt zum Bündnis von Aristokratie, Richterschaft und Volk gegen den Thron kam. Die Monarchie, die einst die Rivalitäten innerhalb der verschiedenen Körperschaften der Nation zu nutzen gewusst hatte, stand nun vor einer neuen, für sie unbegreiflichen Situation«.[27] So unbegreiflich, dass der Spruch des Tribunals sie wie ein völlig unerwarteter Donnerschlag traf.

Am 6. Mai um sechs Uhr morgens war bereits eine riesige Menschenmenge in den Hof des Justizpalastes und die umliegenden Straßen geströmt, als die Richter zur abschließenden Prozesssitzung ihren feierlichen Einzug hielten. Neunzehn Mitglieder der Familie Rohan-Soubise erwarteten sie am Eingang des Gerichtssaals. Nebeneinander aufgereiht, in Trauerkleidung, sprachen sie kein einziges Wort und beschränkten sich darauf, sich vor den Vorbeischreitenden respektvoll zu verneigen.

Joly de Fleury verlas seine Anklageschrift und forderte für Graf de La Motte in Abwesenheit und für Villette lebenslange Zwangsarbeit; die Comtesse de La Motte sollte mit dem Staupbesen öffentlich ausgepeitscht werden, auf ihren beiden Schultern mit glühendem Eisen ein »V« für *voleuse*, Diebin (aber auch – Ironie des Schicksals! – für Valois), eingebrannt werden, und sie sollte eine lebenslange Gefängnisstrafe in der Salpêtrière verbüßen. Der Kardinal musste gestehen, er habe die Kühnheit besessen, an das Treffen im Schlosspark geglaubt und dazu beigetragen zu haben, die Juweliere zu betrügen, indem er sie im Glauben ließ, die Königin habe Kenntnis von der Absprache; er sollte daher bereuen und den König und die Königin um Verzeihung bitten. Er wurde außerdem dazu verurteilt, seine Ämter niederzulegen, den Armen Almosen zu spenden und sich für den Rest seiner Tage von den königlichen Residenzen fernzuhalten. Fleury wünschte, Cagliostro und Mademoiselle d'Oliva wieder auf freien Fuß zu setzen.

Die beantragten Strafen waren mit der Krone abgestimmt worden (zwölf Tage vor der Urteilsverkündung hatte der österreichische Botschafter sie an Joseph II. als beschlossen gemeldet), und die Richter bestätigten ohne Diskussion die Strafanträge für die ersten drei Angeklagten. Als jedoch der Kardinal an die Reihe kam, begehrte die Hälfte der Richter auf.

Angeführt vom Generalanwalt Antoine-Louis Séguier, der den Kampf eröffnet hatte, indem er andeutete, dass Joly de Fleury vom Hof von Versailles gekauft war, ließen sich die jüngsten und fortschrittlichsten Richter die langersehnte Gelegenheit nicht entgehen, das monarchische Joch abzuschütteln und ihre Unabhängigkeit von der Königsmacht einzufordern. Sie traten für einen Freispruch Rohans ein, da sein einziges Vergehen darin bestehe, »Betrogener, grausam Betrogener« zu sein, und das Gericht keine Strafe verhängen könne, »wenn die Gutgläubigkeit ohne Einschränkung anerkannt war«.[28] Nach einer langen dramatischen Debatte setzte sich um zehn Uhr abends die These von der Unschuld mit sechsundzwanzig gegen zweiundzwanzig Stimmen durch.

Die Meldung von Rohans Freispruch löste bei der Volksmenge, die den ganzen Tag auf den Urteilsspruch gewartet hatte, helle Begeisterung aus, und die Richter wurden bejubelt mit dem Ruf »Es lebe das Gericht! Es lebe der unschuldige Kardinal!«, während der Großalmosenier und Cagliostro im Triumphzug zur Bastille geleitet wurden, wo sie ihre letzte Nacht in Gefangenschaft verbrachten.

Sowohl das Urteil wie der Jubel in der Hauptstadt riefen in Versailles Bestürzung hervor. Selten hatte die Monarchie einen solchen Affront erleben müssen, und noch nie war eine Königin so offen gedemütigt worden. Als Marie Antoinette die Meldung erhielt, brach sie in Tränen aus; es war ihr klar, dass der Freispruch Rohans gleichbedeutend war mit einer impliziten Verurteilung ihrer selbst. Vergeblich versuchte der König, sie zu trösten. Aber die Lage war noch weit bedrohlicher, als Ludwig sich vorzustellen vermochte. Wie konnte von Majestätsbeleidigung die Rede sein, wenn es gar keine Majestät mehr zu verteidigen gab, wenn die Monarchie ihr Ansehen verloren hatte?

Der Prozess um das Collier, der von vornherein auf irrigen politischen Prämissen gegründet war, endete mit ebenso falschen Entscheidungen. Nachdem der König Rohan der Gerichtsbarkeit des *Parlement* übergeben hatte, distanzierte er sich vom Spruch des Tribunals, indem er den Kardinal seines Amtes als Großalmosenier enthob und in die Verbannung schickte. Auch Cagliostro wurde aufgefordert, Frankreich umgehend zu verlassen. All diese Entscheidungen schmeckten nach persönlicher Rache und bestätigten nur die gegen die Krone erhobenen Vorwürfe des Despotismus.

Doch hütete sich der König, durch einen Gnadenerweis – nobles und legitimes Vorrecht eines Monarchen! – zugunsten von Madame de La Motte einzugreifen. Nach der Zeitspanne zwischen Urteilsverkündung und Vollstreckung zu schließen, wurde gewiss lange über die Zweckmäßigkeit einer Strafmilderung diskutiert, doch höchstwahrscheinlich gab dann doch die Befürchtung den Ausschlag, eine Geste der Milde könnte als Beweis für eine heimliche Komplizenschaft zwischen der Königin und der Verurteilten aufgefasst werden.

Am 21. Juni um fünf Uhr morgens wurde Madame de La Motte, die am Vorabend der Urteilsverkündung in die Conciergerie verbracht worden war, in die Cour de Mai geführt. Bis dahin wusste Jeanne nicht, welche Strafe über sie verhängt worden war; sie erfuhr das, was sie erwartete, erst in dem Augenblick, als vier Hünen sie packten und auf die Knie zwangen, während der Gerichtsdiener ihr den Urteilsspruch vorlas. Die darauf folgende Szene war entsetzlich. Die Comtesse brüllte wie eine Rasende: »So also behandelt ihr das Blut der Valois!«, sie stieß eine Flut von Beschimpfungen hervor, schlug wild um sich und entwand sich mit Tritten und Bissen dem

Griff ihrer Peiniger. Schließlich wurde sie überwältigt, man zerriss ihr das Hemd und peitschte sie aus; dann begann man, sie auf der einen Schulter mit dem Eisen zu brandmarken. Als die andere gebrandmarkt werden sollte, wehrte sich Jeanne in einer letzten Zuckung, und das rotglühende Eisen glitt auf ihre nackte Brust. Unmittelbar danach wurde sie, halb besinnungslos, in die Salpêtrière verbracht.

Dieser Prozess hatte auch das Ansehen Marie Antoinettes unwiderruflich geschädigt. Wahr oder falsch, die zahllosen Versionen dieser schmutzigen Geschichte, die in einer Flut von Schriften in ganz Europa verbreitet wurden, endeten stets bei der verhassten Österreicherin und führten zu den absurdesten Unterstellungen. Viele waren überzeugt, dass sie es war, die zum Diebstahl des Colliers angestiftet hatte, sie, die unwürdige Herrscherin, die als Schäferin verkleidet in den Gärten von Versailles Verstecken spielte; die Comtesse de La Motte war nur die Befehlsempfängerin und der Kardinal, nachdem er als Geliebter und Komplize ausgedient hatte, der Sündenbock.

Neuere Studien haben die komplexen politischen Strategien aufgedeckt, die aus der systematischen Verleumdung das Trojanische Pferd gemacht hatten, dazu bestimmt, die Festung der Monarchie zu erstürmen. Im Falle der Gemahlin Ludwigs XVI. machte sich die Empörung der neuen Männer die kollektive Vorstellungswelt zunutze und beutete ungeniert die abgedroschensten Gemeinplätze der frauenfeindlichen jüdisch-christlichen Tradition aus.

Doch trotz gründlicher historischer Studien sind bis heute das Verhalten Marie Antoinettes ebenso wie die Entscheidungen der Krone nicht völlig geklärt. So lässt sich zum Beispiel nicht ausschließen, dass die Königin, obwohl sie dies immer geleugnet hat, doch zu der Comtesse de La Motte Beziehungen hatte und die nächtliche Szene im Park ein mit ihrem Wissen inszenierter Schwindel auf Kosten des Kardinals war. Sicher ist, dass bei den Ermittlungen die Rolle der Comtesse so weit wie möglich verschleiert wurde.

Fest steht ferner, dass am 5. Juni 1787 um elf Uhr morgens, ein Jahr nach ihrer Einkerkerung auf Lebenszeit, Jeanne de La Motte in Begleitung ihrer Zofe aus der Salpêtrière durch das Haupttor entkommen konnte. Ein Wagen erwartete sie, der sie ungehindert und mit Geld versorgt zunächst nach Luxemburg brachte, und von dort ging es weiter nach England. Obwohl die Nachricht von der Flucht der Gefangenen gewaltiges Aufsehen erregte, hielten es die Behörden nicht für nötig, auch nur die geringsten Nachforschungen anzustellen.

Wie war das möglich? Und warum war die Comtesse im Gefängnis wie ein hochrangiger Gast behandelt worden? Aus welchem Grund hatte sie den Besuch der Comtesse de Polignac, einer engen Freundin der Königin, empfangen? Viele Fragen, auf die es keine befriedigenden Antworten gibt.

Nach ihrer Ankunft in London widmete sich Jeanne mit Leib und Seele der Planung ihrer Rache, was während der wenigen Jahre, die ihr noch verblieben, zu ihrem Lebenszweck und der Quelle ihres Unterhalts wurde. Diese Rache, die sich gegen alles und jeden richtete, nahm bis zum Jahr 1789 den Charakter einer kollektiven Revanche an. Mehrere bezahlte Schreiberlinge halfen Jeanne, nacheinander zwei Denkschriften zu verfassen, deren hasserfüllte, frustrierte und verbitterte Lügengespinste sie hochbrisant machten. Jedesmal gab Ludwig XVI. beträchtliche Summen aus, um ihre Veröffentlichung zu verhindern, und trotzdem wurden sie beide Male gedruckt und waren Teil des moralischen Rufmords an seiner Frau.

Die Bezichtigungen, die Madame de La Motte Marie Antoinette entgegenschleuderte, die sie als ihre »Todfeindin« bezeichnete, nahmen die Beschuldigungen, die seit Jahren in einer Vielzahl von verleumderischen Pamphleten in Umlauf waren, wieder auf und verliehen ihnen einen Anschein von Wahrheit: »Die Königin, so betörend wie Circe, so verführerisch wie Kalypso, so furchtbar wie Medea«, hatte die unschuldige Valois »mit ihren unzüchtigen Liebkosungen« verführt und ihr »die Praktiken dieser obszönen und widerwärtigen Lüste« beigebracht; und als Belohnung, dass sie »ihre glühenden Leidenschaften geteilt hatte, hatte sie sie für diesen abscheulichen Diebstahl bestrafen lassen«, an dem sie allein die Schuld trug.[29]

Aber die große Manipulatorin wurde ihrerseits manipuliert von Geheimagenten der Krone und Feinden der Krone, vom Minister Calonne, vom Herzog von Orléans, von den Revolutionären und nicht zuletzt von den Engländern: Jeder gedachte, sich ihrer für seine eigenen Zwecke zu bedienen, und Jeanne wurde Opfer eines Spiels, über das sie völlig die Kontrolle verloren hatte.

Am 12. Juni 1791 abends hörte Jeanne de La Motte, inzwischen gänzlich mittellos und nach allen Schicksalsschlägen nervlich am Ende, jemanden an die Tür ihrer armseligen Londoner Unterkunft klopfen. Im Glauben, man wolle sie verhaften und nach Frankreich zurückschaffen, stürzte sie sich aus dem Fenster.

Das Schicksal gönnte ihr also nicht ihre Rache. Kaum drei Jahre später wurde die »Todfeindin« zum Schafott geführt, nach einem infamen Prozess, bei dem man ihr natürlich auch ihre unmäßige Leidenschaft für Schmuck vorhielt. Doch ausgerechnet in diesem Augenblick bewies Marie Antoinette, nun aller königlichen Symbole entkleidet, den Franzosen, dass sie der Krone würdig war, die man ihr entrissen hatte, und mit moralischer Stärke und dem Mut einer echten Königin in den Tod zu gehen wusste.

BIBLIOGRAFISCHE NOTIZ

Die »Halsbandaffäre« hat Memoirenschreiber, Romanciers, Dramatiker, Essayisten, Historiker und Gelehrte fasziniert. Unter den berühmten Autoren nennen wir zumindest die Namen von Goethe, Carlyle, Lernet-Holenia, Alexandre Dumas. Ich beschränke mich allerdings darauf, hier nur die Titel zu nennen, die für mich am nützlichsten waren und denen ich am meisten verdanke.

Die von M. Émile Campardon herausgegebenen Prozessakten (*Marie-Antoinette et le procès du collier d'après la procédure instruite devant le Parlement de Paris*, Plon, Paris 1863) bilden die unerlässliche Basis für die spannende Rekonstruktion der Halsbandgeschichte, die Frantz Funck-Brentano vor über einem Jahrhundert geschrieben hat (*L'affaire du collier*, Hachette, Paris 1901). Das Buch der amerikanischen Forscherin Frances Mossiker, *The Queen's Necklace* (Simon & Schuster, New York 1961), hat das Verdienst, ausgehend von der Memoirenliteratur der Zeit eine Menge Informationen über die in den Skandal verwickelten Personen zu liefern. Doch den neuesten Stand der Darstellung der Vorgänge verdanken wir der maßgeblichen Spezialistin zum Thema Marie Antoinette, Évelyne Lever (*L'affaire du collier*, Fayard, Paris 2004), während *Louis XVI* von Jean-Christian Petitfils (Perrin, Paris 2005) die Widersprüche und die Schwierigkeiten, mit denen die französische Monarchie in den zwei Jahrzehnten vor der Revolution zu kämpfen hatte, überzeugend aufzeigt. Die Werke *La Reine scélérate* von Chantal Thomas (Seuil, Paris 1989) und *Marie-Antoinette. Une reine brisée* von Annie

Duprat (Perrin, Paris 2006) sind unverzichtbar für das Verständnis der Bedingungen der Diffamierungskampagne, die von der klandestinen Presse gegen Marie Antoinette geführt wurde, sowie ihre politischen und symbolischen Auswirkungen.

Sarah Mazas Analyse des Prozesses in *Private Lives and Public Affairs: The Causes Célèbres of Prerevolutionary France* (University of California Press, Berkeley 1993) ist wertvoll für das Verständnis der juristischen Verfahrensweisen und der Rechtskultur im Frankreich des Ancien Régime.

Die neueste maßgebliche Biografie über den Kardinal Rohan stammt von Éric de Haynin, *Louis de Rohan: le cardinal »collier«* (Perrin, Paris 1997). Die »Atti del convegno sulla *Presenza di Cagliostro*«, San Leo, 20.–22. Juni 1991, versammelt von Daniela Gallingani (Centro Editoriale Toscano, Florenz 1994), sind ein wichtiger Beitrag zum Verständnis der Ursachen des Erfolgs des berühmten Hochstaplers.

ANMERKUNGEN

1 *Marie-Antoinette, Correspondance (1770–1793)*, hrsg. von Évelyne Lever, Tallandier, Paris 2005, S. 442–443.
2 Zitiert in Frantz Funck-Brentano, *L'affaire du collier, d'après de nouveaux documents recueillis en partie par A. Bégis*, Hachette, Paris 1901, 2. Aufl. 1926, S. 245.
3 J. W. Goethe, *Kampagne in Frankreich*, Goethes sämtliche Werke. 40 Bde., Bd. 28, Stuttgart und Berlin 1902, S. 102.
4 Zitiert in Jean-Christian Petitfils, *Louis XVI*, Perrin, Paris 2005, S. 82.
5 *Mémoires de la comtesse de Boignée d'Osmond publiés d'après le manuscrit original par M. Charles Nicoullaud*, 4 Bde., Bd. 1, Plon, Paris 1907–1908, S. 30.
6 König kann ich nicht sein, Prinz zu sein verschmähe ich, Rohan bin ich. (Anm. d. Ü.)
7 Zitiert in Éric de Haynin, *Louis de Rohan: le cardinal »collier«*, Perrin, Paris 1997, S. 64.
8 Zitiert in Frances Mossiker, *The Queen's Necklace*, Simon & Schuster, New York 1961.
9 *Vie de Jeanne de Saint-Rémy de Valois ci-devant comtesse de La Motte – avec plusieurs particularités ultérieures propres à éclaircir les transactions mystérieuses relatives au collier de diamants – écrite par elle-même*, Paris, Jahr I, 2. Aufl., S. 34.
10 *Mémoires du comte Beugnot ancien ministre (1783–1815), publié par le comte Albert Beugnot son petit-fils* (1866), E. Dentu, Paris 1889, 3. Aufl., S. 9.
11 Ebd.
12 *Mémoires pour servir à l'histoire des événements de la fin du dix-huitième siècle depuis 1760 jusqu'en 1806–1810, par un contemporain impartial, Feu M. l'abbé Georgel*, 6 Bde., Bd. 2, Alexis Eymery, Paris 1820, 2. Aufl., S. 36.

13 Ebd., S. 42.
14 Thomas Carlyle, *The Diamond Necklace*, in *Critical and Miscellaneous Essays*, 5 Bde. (Bd. XXVII–XXIX von *The Works of Thomas Carlyle*, 31 Bde.), Bd. III, Chapman and Hall Limited, London 1899, S. 336.
15 *Mémoires de l'abbé Georgel*, a. a. O., S. 61f.
16 *Souvenirs-Portraits du duc de Lévis, suivis de Lettres intimes de Monsieur, comte de Provence, au duc de Lévis*, hrsg. von Jacques Dupâquier, Mercure de France, Paris 1993, S. 170.
17 Auguste François de Frénilly, *Mémoires, 1768–1828. Souvenirs d'un ultraroyaliste*, Perrin, Paris 1987, S. 61.
18 Carlyle, *The Diamond Necklace*, a. a. O., S. 366.
19 Frénilly, *Mémoires*, a. a. O., S. 62.
20 *Mémoires de l'abbé Georgel*, a. a. O., S. 127.
21 Ebd., S. 128.
22 Carlyle, *The Diamond Necklace*, a. a. O., S. 341.
23 *Mémoires de l'abbé Georgel*, a. a. O., S. 153.
24 Ebd., S. 156.
25 Ebd., S. 198.
26 Zitiert in Petitfils, *Louis XVI*, a. a. O., S. 510.
27 Ebd., S. 517.
28 Zitiert in Funck-Brentano, *L'affaire du collier*, a. a. O., S. 335.
29 *Lettre de la Ctesse Valois de La Motte à la reine de France, à Oxford, 18 octobre, L'année séculaire de la destruction du Colosse de Rhodes*, S. 3–16.

BENEDETTA CRAVERI, geboren 1942 in Rom, Enkelin des großen Benedetto Croce, ist Literaturkritikerin, Historikerin und eine der angesehensten Schriftstellerinnen Italiens. Im Hanser Verlag erschien 2008 ihr wichtigstes Werk, *Königinnen und Mätressen. Die Macht der Frauen.*

ANNA LEUBE übersetzte u. a. Umberto Saba, Alberto Savinio und Italo Svevo.

Die Originalausgabe erschien unter dem Titel *Maria Antonietta e lo scandalo della collana* 2006 bei Adelphi, Mailand.

KONZEPTION | GESTALTUNG: Antje Haack | lichten.com
SATZ | HERSTELLUNG: Büro für Gedrucktes, Beate Mössner
ABBILDUNGEN: Einbandvorderseite, Einbandrückseite, Frontispiz, S. 2, 4, 12, 24, 30, 38 und 54 von akg-images, S. 64 von gettyimages. Die Skizze auf S. 75 (von picture alliance) zeigt Marie Antoinette auf dem Weg zur Guillotine, am 16. Oktober 1793. Jacques Louis David zeichnete sie, als der Karren mit der Königin unter seinem Fenster vorüberfuhr.
REPRODUKTION: Frische Grafik, Hamburg
DRUCK UND BINDUNG: CPI – Clausen & Bosse, Leck
Printed in Germany
ISBN 978-3-937834-85-6